푼돈을 목돈으로
만드는 생활의 기술

푼돈을
목돈으로
만드는
생활의 기술

풍족하게 쓰면서도 알차게 돈 모으는 법

구채희 지음

일에일북스

『푼돈아 고마워』가 세상에 나온 지 어느덧 1년 7개월이 지났다. 독자들의 과분한 관심과 사랑 덕분에 이렇게 개정판을 낼 수 있었다. 지면을 빌어 감사함을 전한다.

이번 개정판은 『푼돈을 목돈으로 만드는 생활의 기술』이라는 제목으로 바뀌어 새롭게 출간되었다. 그사이 변화된 재테크 트렌드를 반영해 몇 개의 파트가 빠졌고, '상품권 활용법', '반려동물 돌봄비용', '적금 가입 전략', '재능 셀러 되기', 'ETF 소액투자' 등의 주제로 5개 챕터가 추가되었다. 매년 조금씩 갱신되는 정보성 데이터는 최근 기준으로 모두 업데이트했다.

나의 사적인 이야기를 담은 'MY STORY'는 변화 없이 그대로 유지했다. 당시 나는 결혼 2년 차 새댁으로서 책에 소개한 다양한 방법을 통해 재테크의 기본기를 탄탄하게 갖출 수 있었다. 그로부터 2년이 지난 지금, 우리 집 자산은 2억 5천만 원에서 5억 원으로 늘었다. 꾸준히 재테크에 관심을 가지며 나만의 경험치가 쌓이고, 다양한 투자를 병행했으며, 안락한 보금자리를 마련한 덕분이다. 그사이 예쁜 아기도 태어나, 이제는 부부뿐만 아니라 자녀를 위한 재테크까지 준비하는 엄마가 되었다.

내가 이렇게 성공적으로 재테크를 할 수 있었던 이유는 첫째로 운이 좋았고, 둘째로 돈의 가치관이 확고했기 때문이다. 경제적 자유가 절실했던 만큼 꾸준한 공부를 통해 재테크 정보를 섭렵했고, 작은 돈도 허투루 쓰지 않기 위해 원칙을 세웠으며, 좋은 투자 기회에 대비해 종잣돈 마련에 집중했다. 투자가 필수인 시대지만, 재테크의 기본은 뭐니 뭐니 해도 성실한 저축과 지출 통제, 정보력과 실행력이 아닐까 싶다. 요즘처럼 빠르게 변화하는 시대에는 재테크 활용법이 수시로 바뀐다. 그만큼 인터넷에 넘쳐나는 정보들이 많아 선별하기 어렵다. 그런 분들에게 이 책이 도움이 되었으면 한다.

이 책에는 100만 원을 단기간에 1억 원으로 불리는 방법 따위는 없다. 대신 돈을 효율적으로 모으고(PART 1), 가성비 높게 쓰면서(PART 2), 돈 되는 금융지식을 나의 것으로 체득하는(PART 3) 노하우가 있다. 묵혀둔 재능으로 현금흐름을 만들고(PART 4), 10만 원으로 누구나 부담 없이 시작하는 소액투자(PART 5)에 대해서도 공유한다.

손품과 발품을 팔아가며 돈이 될 만한 정보는 모조리 수집하고, 직접 경험한 생활재테크 가운데 쉽고 재미있는 방법들만 추렸다. 시중에 나와 있는 소액재테크 서적과 중복된 정보는 최대한 배제하려고 노력했다. 대신 돈을 철저히 나의 행복을 위한 수단으로 활용하는 삶, 내가 원할 때 원하는 곳에 돈을 쓸 수 있는 삶, 모은 돈을 의미 있게 쓰는 삶을 위해 반드시 알아야 할 정보를 담고자 했다.

개정판이 나올 수 있도록 힘써준 출판사 식구들과 언제나 응원을 마다하지 않는 가족들에게 감사의 마음을 보낸다. 경제적 자유를 목표로 열심히 달리고 있지만, 이 모든 것은 사랑하는 사람들과 충만한 시간을 보내기 위한 것임을 잊지 않으려 한다.

2019년 6월 봄에,
구채희

내가 오늘도 푼돈을 모으는 이유

"네? 이 집이 경매에 넘어간다고요?"

3년 전 겨울 유난히 추웠던 어느 날, 나는 한 통의 전화를 받고 끝내 울음을 터뜨렸다. 손이 부들부들 떨리고 심장이 쿵쾅거려 말조차 제대로 나오지 않았다. 온몸의 신경이 엉키면서 나를 지탱하는 에너지가 한순간에 빠져나가는 것 같았다. 믿을 수 없었다. 지난 4년간 잘 살았던 이 오피스텔이 경매에 넘어간다니. '그럼 내 전세금은 어떻게 되는 거지?' 집주인은 기어들어가는 목소리로 "미안하게 됐습니다."라고 말했지만 내 귀에는 아무것도 들리지 않았다. 아니, 듣고 싶지 않았다.

전입신고를 하지 않은 것이 화근이었다. 몇몇 오피스텔의 집주인들은 세금을 피하기 위해 관행처럼 '전입신고 불가' 조건으로 계약하고 는 했다. 급전이 필요해진 집주인은 내게 별도의 통보 없이 오피스텔 을 담보로 돈을 끌어다 썼고, 제때 이자를 갚지 못하자 채권자인 은 행이 집을 경매에 넘긴 것이었다. 소위 말하는 '깡통전세'였다. 나는 꼼짝없이 쫓겨나는 신세가 되었다. 집주인을 사기죄로 고소한다 한 들, 수중에 돈 한 푼 없는 그에게 전세자금 1억 원을 받아내기란 쉽 지 않은 상황이었다.

당시 나는 5년간의 기자생활을 정리하고 새 직장에 다니고 있었 다. 회사에 한창 적응해야 할 시기에 집 문제 때문에 분주하게 변호 사를 만나고 다녔다. 한 6개월쯤 지났을까. 설상가상으로 회사 대표 가 투자자들의 돈을 들고 해외로 야반도주하는 사건이 벌어졌다. 회 사는 순식간에 풍비박산이 났고, 모든 임직원들이 조사를 받아야 했 다. 이 2가지 사건은 평탄했던 내 삶을 송두리째 흔들어놓았다. 1년 전만 해도 당차고 멋진 커리어우먼이었던 나는, 집도 없고 회사도 없 는 그야말로 빈털터리 백조가 되었다.

나는 매일 밤 울분을 삼키면서 집주인을 양심 없는 사기꾼, 나는 잘 짜인 각본에 속아 넘어간 피해자라고 생각했다. 그러나 곧 인정할 수밖에 없었다. 돈에 큰 관심을 두지 않고 등한시한 내게 가해진 벌 이라는 것을.

지금의 나였다면 집주인이 전입신고를 꺼리는 오피스텔은 위험하다 고 판단해 계약을 피했을 것이다. 꼭 거주해야 할 상황이라면 전세권 을 별도로 설정해 전세금을 지키고, 보다 꼼꼼하게 등기부등본을 분

석했을 것이다. 그러나 그때의 나는 너무도 어렸고 뭘 몰랐다. 오랜 기간 경제부 기자로 활동했음에도 불구하고 세상 물정에 어두워 이런 일을 당했다는 사실이 더 치욕적이었다.

인생의 쓴맛을 보면서 내가 깨달은 한 가지가 있다. 돈을 홀대하는 사람은 결코 돈을 통제할 수 없고, 목돈이 생긴다 해도 곁에 오래 머물지 않는다는 것이다. 당시 사회생활 5년 차였던 내게 1억 원은 상당히 큰돈이었지만 경제관념이 없었던 나는 그것을 제대로 인지하지 못했다. 행여 자식이 타지에서 고생할까 염려스러워 선뜻 큰돈을 마련해주신 부모님의 지원을 당연하게 생각했다.

월급 관리는커녕 10만 원도 제대로 관리해본 적 없는 내게 1억 원을 지키고 간수할 능력이 있을 리 만무했다. 만약 내가 그때 그 일을 겪지 않았더라면 얼마간은 평탄하게 살았을지 모른다. 그러나 언젠가 더 큰 화를 입었을 것이다. 언제고 터질 폭탄이 조금 일찍 터졌을 뿐.

부모님이 고생하며 번 돈을 나의 어리석음으로 인해 날린 뒤 부모님 얼굴을 마주할 면목이 없었다. 엄마의 얼굴만 떠올려도 마음 한쪽이 부서지는 것 같았다. 그렇다고 언제까지 울기만 할 수도 없었다. 돈을 잃은 것보다 딸의 안위를 더 걱정하는 부모님을 생각해서라도 다시 일어서야 했다. 마음가짐부터 고쳐먹었다. '그래! 인생 살면서 한 번쯤은 비싼 수업료를 치른다는데, 오히려 남들보다 일찍 겪어서 다행이지. 이제는 진짜 내 돈으로, 내 힘으로 시작해보자.'

돈을 제대로 공부해서 불려 나가야겠다고 마음먹은 순간부터 돈이 다르게 보이기 시작했다. 나의 두뇌 신경은 온통 '어떻게 하면 돈을 더 효과적으로 모을 수 있을까?', '어떻게 하면 돈을 내 곁에 오래 둘 수 있을까?'에 쏠렸다.

우선 가계부를 쓰기 시작했다. 당시에는 실업급여로 생활비를 충당해야 했으므로 돈은 나에게 생존 그 자체였다. 단 한 푼도 허투루 쓸 수가 없었다. 재취업을 위해 자기계발에도 아낌없이 투자해야 했기 때문에 쓸데없는 지출은 모조리 줄여야 했다. 그동안 우습게 썼던 1만 원의 가치가 새롭게 느껴졌다. 딱히 쓴 것도 없는데 훅훅 줄어드는 잔고를 보면서 처음으로 돈이 무섭다는 생각을 했다.

하루의 반나절은 학원 수업과 스터디를 병행하며 취업 준비를 했다. 집에 돌아와서는 가계부를 쓰며 생활비를 점검하고, 밤에는 글 쓰는 아르바이트를 했다. 3개월이 지나자 지출이 조금씩 통제되기 시작했고, 이후부터는 실업급여의 일부를 저축할 정도로 자리가 잡혀갔다. 빠듯한 생활을 하면서도 자기계발은 꼭 해야 한다는 신조가 있었는데, 그 덕분에 현재 몸담고 있는 금융권으로 재취업에 성공할 수 있었다. 내 인생에서 가장 초라했던 시기에 내 곁을 지켜준 남자친구와도 작년에 결혼했다.

결혼과 동시에 재테크에도 탄력이 붙었다. 당시 남편과 내가 모은 종잣돈과 은행에서 대출한 1억 원, 양가 부모님께서 조금씩 보태주신 돈으로 24평 오피스텔의 반전세 보증금을 마련해 신접살림을 꾸렸다. 축의금은 몽땅 대출금 상환에 쏟아부었다. 매달 부부소득의 50~60%는 저축과 투자를 병행했고, 5%는 반드시 자기계발에 썼다.

이를 통해 1년간 우리 부부가 순수하게 모은 저축액은 6천만 원이고, 결혼 후 우리 집 총자산은 1년 만에 2억 5천만 원을 넘어섰다. 1억 원을 날리고 현 자산을 만들기까지 만 2년이 걸렸다.

비교적 짧은 시간 안에 내가 경제적 어려움을 극복할 수 있었던 비결은 '즐기면서 하는 재테크'를 지향했기 때문이다. 나는 '돈을 어떻게 아낄 수 있을까?'보다 '어떻게 더 벌 수 있을까?'를 고민한다. '어떻게 여행경비를 줄일 수 있을까?'보다 '한 번 여행할 비용으로 두 번 여행할 수 없을까?'를 생각한다. '얼마나 더 싼 제품을 살 수 있을까?'보다 '가성비 좋은 쇼핑 방법이 뭘까?'를 찾는다.

무조건 안 쓰고, 안 입고, 안 먹는 근검절약은 경제적 자립을 위해 반드시 필요한 덕목이지만, 내가 궁극적으로 지향하는 목표는 아니다. 자기계발과 투자 없이 오로지 '아끼면 잘 산다'는 식의 마인드는 언젠가 한계에 부딪히기 때문이다.

나는 오늘도 푼돈을 허투루 쓰지 않기 위해 노력한다. 그러나 이는 내가 정말 하고 싶은 일에 과감히 투자하기 위해서다. 지출을 철저히 통제하면서도 매년 한두 번 해외여행을 가고, 늘 새로운 것을 배우는 데 갈증을 느끼며, 운동·독서·영어회화 등 자기계발에 투자하는 것도 이러한 이유다.

처음 재테크를 시작했을 때 나는 두려웠다. 언젠가 될지 모르는 미래를 담보로 현재의 삶이 초라해질까 두려웠고, 소소한 일상에서 누리는 '작은 사치'가 사라질까 두려웠으며, 저축을 핑계로 돈에 구질구

질한 사람이 될까 두려웠다. 그래서 나는 자존심을 지키면서도, 스트레스받지 않고 즐겁게 돈을 불릴 수 있는 방법을 찾는 데 주력했다. 그리고 나처럼 '즐거운 재테크'를 지향하는 이들과 이 모든 것을 공유하고 싶었다. '짧고 굵게' 한 방에 끝내는 재테크 말고, '가늘고 길게', 그렇지만 멀리 내다보고 천천히 즐기는 재테크를 말이다.

관상어 중에 '코이'라는 신기한 물고기가 있다. 물고기 코이는 작은 어항에서 기르면 5~8cm 정도밖에 자라지 않지만, 연못에서 기르면 15~25cm까지 자라고, 드넓은 강물에 방류하면 1m 넘게 자란다고 한다. 같은 물고기라도 좁은 곳에서 기르면 작게 자라고, 드넓은 곳에 놓아두면 대어가 되는 것이다. 이를 '코이의 법칙'이라고 한다. 주변 환경에 따라, 생각의 크기에 따라 자신이 발휘할 수 있는 능력과 꿈의 크기가 달라진다는 것을 의미한다.

자본주의 사회에서도 이 법칙이 통용된다. 스스로 경제능력과 금융지식을 키우지 않으면 작은 어항 속의 물고기로 살아가야 하고, 돈에 대한 열린 마음으로 관련 지식을 흡수하고 행동에 나선다면 부의 크기를 늘리고 돈을 지배할 수 있는 능력을 함께 겸비할 수 있다.

나는 지금 이 책을 읽는 당신이 어떤 상황에 처해 있는지 알지 못한다. 학자금 대출을 안고 사회에 첫발을 내디딘 사회초년생일 수도 있고, 결혼과 동시에 주택담보대출로 허덕이는 부부일 수도 있고, 앞만 보며 달려가지만 어느 하나 나아지지 않는 5포 세대 직장인일 수도 있다. 그러나 한 가지는 분명히 안다. 최소한 나보다 1억 원은 더 가진 상태에서 시작할 수 있고, 그만큼 더 빠른 시간 안에 부를 축적할 수 있다는 사실이다.

경매로 집을 날리고, 다니던 회사가 도산하며 내 인생의 바닥을 찍었던 그때, 나는 1억 원을 잃었지만 결과적으로 더 큰 것을 얻었다. 돈을 대하는 자세와 마음가짐이 바뀌었고, 새로운 꿈이 생겼으며, 가장 힘든 시기에 내 손을 잡아준 평생의 반려자를 만났다. 이 책을 집어 든 당신 역시 앞으로 펼쳐질 당신의 빛나는 삶에 이 책이 든든한 경제적 동반자가 되길 간절히 바란다.

/차/례/

PART 1에서 소개하는 생활비 절약 노하우는 실제로 내가 실천하고 있는 방법들이다. 경제적 자유로 가는 첫 번째 여정은 저축도, 투자도 아닌, 우리 집 생활비를 완전 정복하는 데서 시작한다.

PART 1

적게 벌어도
잘 사는
우리 집
생활비

신혼 2년 차,
종잣돈 2억 원을 모았다

　결혼을 한 달여 앞두고 내가 가장 먼저 한 일은 남편과 '통장결혼식'을 올리는 일이었다. 서로의 수입과 저축, 대출 상황을 빠짐없이 공유하고, 둘의 자산을 합쳐 하나로 관리하기 시작했다. 요새는 부부가 각자 수입을 관리하고 공동 생활비만 분담하는 가정이 많지만, 통장결혼식은 단기간에 돈을 효율적으로 불릴 수 있도록 도울 뿐 아니라, 부부에게 공통된 목표의식을 갖게 해 신뢰감을 높인다.

　우리는 연애 시절 서로의 재무 상황에 대해 어렴풋이 알고 있었지만, 단순히 '안다는 것'과 '통장을 합치는 것'은 의미가 달랐다. 배우자를 온전하게 신뢰하고 삶의 중심을 '내'가 아닌 '우리'로 두겠다는 일종의 약속이었기 때문이다. 우리는 2016년 9월 통장을 합쳤다. 그리고 진짜 부부가 되었다.

　먼저 목적별로 통장을 분류했다. 생활비와 예비자금은 아내 통장으로, 저축과 대출은 남편 통장으로 옮겼다. '3년 내 총자산 3억 원'이라는 경제적 목표도 정했다. 통장을 합치는 과정에서 남편에게 100만 원을 비상금으로 떼어주고, 나는 싱글 때부터 주식에 투자해오던 500만 원을 그대로 운용하기로 합의했다. 결혼 후 배우자에게 말 못할 집안 사정이 생기거나 기념일을 챙길 때 개인 용돈만으로 충당하기 힘들다고 판단했기 때문이다. 이 비용은 일절 참견하지 않는다.

　엑셀 가계부도 새롭게 만들어 쓰기 시작했다. 부부 생활패턴에 맞게 양식을 고치고 다듬는 과정만 3개월 넘게 걸렸다. 가계부는 아내가 주도적으로 쓰되, 남편도 언제든 조회하고 수정할 수 있도록 모바일로 연동해 사용하고 있다.

처음에는 가계부를 매일 기록하는 데 공을 들였는데 생각보다 시간이 오래 걸리고 금세 지쳤다. 그래서 몇 개월 후부터는 일주일에 한 번, 일요일 저녁에 가계부를 쓴다. 대신 매달 마지막 주 주말을 '가계부 정산의 날'로 정해 지난 한 달간의 소득과 지출, 누적자산을 간단하게 브리핑한다. 이 중에서 지출이 많았던 항목이나 특이사항이 있으면 함께 점검하고, 다음 달 가계 예산을 새롭게 조정한다. 경조사나 여행이 예정된 달에는 생활비 부담이 커지므로, 부부 용돈을 해당 기간만큼 일할 계산해 줄인다.

이렇게 가계부 쓰기를 6개월쯤 지속하자 확실히 달라졌다. 소득과 지출의 흐름이 한눈에 파악되기 시작했고, 이제는 매달 원하는 만큼 생활비를 조절할 수 있게 되었다.

생활비의 상당 부분을 차지하는 식비는 외식비를 포함해 월 30만 원 이내로 지출하려 노력한다. 대부분의 신혼부부가 그러하듯, 결혼 초에는 연애 시절의 외식 습관을 버리기 힘들었다. 외식이 주는 편리함과 익숙함에 길들여진 탓이었다. 이때 우리 부부가 관심을 가진 것이 '함께 요리하기'다.

요리에 관심은 많았지만 자취하면서 해먹을 기회가 적었던 나와, 전업주부인 어머니 밑에서 나고 자라 집밥이 익숙한 남편은 집에서 요리하는 것을 즐긴다. 식재료 손질과 설거지를 도맡아 하는 남편 덕분에 요리 시간은 생각보다 길지 않다. 건강하고 맛있는 식사 한 끼를 차려낸다는 보람도 있다. 그렇게 지난 몇 개월간 데이트하는 것처럼 마트에서 장을 보고 요리를 즐겼더니 식비가 신혼 초 대비 절반 가까이 줄었다.

외식은 저렴하게 자주 하는 것보다, 꼭 가고 싶었던 두세 군데를 정해 제대로 먹는 것을 선호한다. 그동안 열심히 집밥을 차려낸 나에게 주는 보상이자, 외식의 만족감을 높이는 우리만의 방법이다. 대신 배달음식은 일절 시켜 먹지 않는다. 일부러 그러자고 약속한 것은 아닌데 다행스럽게도 나와 남편은 원래 치킨, 피자 등 야식을 즐기지 않는다. 특별한 날에는 용돈을 아껴 서로에게 한 턱 쏘기도 한다.

덕분에 외식비는 월 15만 원대를 유지한다. 한 푼이라도 더 아끼기 위해 외식을 마다하는 사람들과 비교하면 적은 비용은 아닐 수 있지만, 즐겁게 오래 가는 재테크를 지향하는 우리 부부에겐 적당한 마지노선이라고 생각한다. 좋은 곳에서 제대로 된 외식을 즐기는 경험은 돈을 모으는 데도 강력한 동기부여를 한다.

결혼 2년 차를 기준으로 우리 집 자산은 주택자산과 투자자산 등을 합해 2억 5천만 원이 조금 넘는다. 매달 소득의 50~60%를 저축하고, 소액이라도 꾸준히 투자해 수익을 만들려고 노력한 결과다. 경제관념이라고는 눈곱만큼도 없던 내가 이만큼 성장할 수 있었던 비결은 누구나 아는 평범한 원칙을 잔꾀 부리지 않고, 누구와 비교하지 않고 나만의 방식으로 즐겼기 때문이라고 생각한다. 수십억 원대 자산가에 비하면 아직 햇병아리 수준에 불과하지만, 경제적 자유를 목표로 한 의미 있는 시작이라고 믿는다.

부부가 함께 가계경제에 관심을 갖고, 돈이 되는 생활재테크 정보라면 무조건 귀를 열고 흡수하려는 자세도 도움이 되었다. 생활경제 뉴스를 보다가 가계에 도움이 될 만한 정보가 있으면 스크랩하고 수시로 남편과 공유했다. PART 1에서 소개하는 생활비 절약 노하우도 실제로 내가 실천하고 있는 방법들이다. 경제적 자유로 가는 첫 번째 여정은 저축도 투자도 아닌, 우리 집 생활비를 완전 정복하는 데서 시작한다.

재테크의 시작은
가계부 작성이다

모든 재테크의 시작에 '가계부'가 있다. 자수성가해 서민갑부가 된 직장인, 단칸방에서 시작해 수십억대 자산가가 된 주부, 재테크를 업으로 삼는 금융권 종사자들까지…, 이들이 입 모아 강조하는 것이 바로 '가계부 쓰기'다. 누군가에게는 단순한 기록에 불과한 가계부를, 이들은 왜 이토록 애지중지하며 자신들의 부의 원천이라고 말하는 걸까?

돈을 모으려면 먼저 나의 현금흐름을 꼼꼼하게 들여다보는 과정이 필요하다. 이때 필요한 것이 가계부다. 내가 한 달 동안 벌어들이는 소득에서 얼마를, 어디에, 어떤 방식으로 지출하는지 파악하고 이를 토대로 합리적인 예산을 세우는 것이다. 이는 곧 저축과 투자를 극대화시키는 원동력이 된다.

의외로 많은 직장인들이 한 달에 얼마를 생활비로 지출하는지 모른다. 심지어 자신의 세전 소득이 얼마인지 모르는 경우도 태반이다. 만약 당신도 그중 한 명이라면 오늘부터 가계부 쓰기를 시작해보길 바란다.

몇 가지 노하우만 익히면 쉽고 간단하게 기록하면서도 가계부의 효과를 그대로 볼 수 있다. 그동안 가계부를 쓰다 포기하기를 수차례 반복했다면 이번에야말로 가계부를 제대로 뗄 기회다.

가계부 쉽게 쓰는 요령

자신에게 맞는 가계부 고르기

가계부의 형태는 수기 가계부, 모바일 가계부, 엑셀 가계부 등 다양하다. 자신이 가장 기록하기 쉽고, 쓰기 편리한 형태의 가계부를 선택하면 된다.

'수기 가계부'는 직접 작성하는 만큼 보람과 애착이 크고, 지출이 발생할 때마다 피부로 와닿아 통제 효과가 있다. 반면 휴대성이 떨어지고, 계산하기 번거로우며, 매년 돈을 주고 가계부를 사야 한다. '모바일 가계부'는 언제 어디서나 실시간으로 기록이 가능하고, 카드를 등록해놓으면 지출 내역이 자동으로 입력된다. 그러나 작성자가 원하는 대로 양식을 편집할 수 없고, 자동으로 입력되어 지출에 경각심을 갖기 어렵다. '엑셀 가계부'는 자신의 생활패턴에 맞게 양식 변경이 가능하고 자동합산 기능도 편리하다. 단, 주로 컴퓨터나 노트북으로 작성해야 하므로 접근성이 떨어진다.

가계부 첫 장에 목표 쓰기

가계부 첫 장에 내가 이루고자 하는 목표를 쓴다. '1천만 원 모으기', '1억 원 모으기' 등 경제적 목표도 좋고, 여행·유학·취미생활 등 그 자체로 목표가 되는 것도 좋다. 가계부를 쓸 때마다 저축 의지를 다잡을 수 있고, 종잣돈 마련에 큰 동기부여가 된다.

일주일에 한두 번만 쓰기

가계부는 매일 쓰는 것이 좋지만 반드시 그럴 필요는 없다. 하루도 빠짐없이 기록해야 한다는 부담감이 가계부에 대한 흥미를 떨어뜨리기 때문이다. 가계부의 기본은 포기하지 않고 꾸준히 쓰는 데 있다. 자신의 소비패턴에 따라 3~4일에 한 번만 가계부를 쓰되, 탄력이 붙으면 간격을 좁혀가는 것이 좋다. 만약 가계부 쓰기가 처음이라면 일주일에 딱 한 번, 주말 저녁에 몰아서 기록하는 것도 방법이다. 요새는 신용카드로 결제하는 즉시 문자로 전송되어 기록을 빠트릴 일도 많이 줄었다. 중간에 빼먹은 항목이 있더라도 개의치 말고 꾸준히 쓰는 데 집중하자.

최대한 간단하게 쓰기

가계부를 포기하지 않고 오래 쓰는 비결은 최대한 쉽게 쓰는 것이다. 만약 대형마트에서 장을 봤다면 식재료 항목을 일일이 기록하지 않고 '식비 5만 원', '장보기 5만 원'처럼 묶어 쓴다. 세부항목은 영수증을 첨부하는 것으로 갈음한다. 우리가 가계부를 통해 파악하려는 것은 구입한 식재료 가격이 아니라, 한 달 생활비에서 식비가 차지하는 비중과 비용이다. 세세한 기록보다는 주거, 식비, 통신비, 자동차, 보험료 등 상위항목의 전반적인 지출 흐름에 집중하자.

한 달에 한 번 월말정산하기

가계부를 열심히 쓰는데도 좀처럼 생활비가 통제되지 않는다면, 가계부 결산을 건너뛰었을 가능성이 크다. 반드시 한 달에 한 번은 가계부 정산을 통해 자산의 흐름과 지출패턴을 분석해야 한다. 지난한 달간 지출이 가장 많은 항목은 무엇인지, 목표로 한 저축은 달성했는지, 더 줄일 수 있는 항목은 없는지 꼼꼼하게 점검하고, 모자란 부분은 반성해야 한다. 이러한 과정을 거쳐야만 다음 달 예산을 합리적으로 세울 수 있다. 잊지 말자. 가계부의 꽃은 '결산'과 '자기반성'이다. 결산 없는 가계부 쓰기는 단순한 기록에 지나지 않는다.

지출 많은 항목, 예산 5% 줄여보기

가계부를 쓸 때 항목별로 예산을 정해놓아도 늘 초과되는 항목이 있다. 외식비, 문화생활비, 품위유지비 등이 대표적이다. 이럴 때는 생활비에서 가장 취약한 항목을 한 가지 정한 뒤, 지난달보다 5% 삭감된 예산으로 한 달을 살아본다. 어느 정도 익숙해지면 조금씩 더 줄여나간다. 이러한 방법은 큰 부담 없이 지출을 줄이는 데 효과적일 뿐만 아니라, 아낀 비용으로 새로운 저축의 흐름을 만들 수 있어 동기부여도 확실하다.

생활비 철벽 수비하는
상품권 활용법

매일 식탁에 올라가는 식재료나 주기적으로 교체해야 하는 생필품 등 고정 생활비는 맘처럼 줄이기 쉽지 않다. 과하게 아끼면 그만큼 삶의 질이 떨어지기 때문이다. 이럴 땐 상품권을 활용해 새어나가는 생활비를 철벽 수비할 수 있다. 문화상품권, 해피머니상품권, 기프티콘 등을 시중보다 저렴하게 산 뒤, 제휴 쇼핑몰에서 추가 할인을 받아 최대한 저렴하게 소비하는 전략이다. 이렇게 하면 생활비를 10% 이상 줄이는 효과가 있다. 요즘에는 다양한 상품권과 기프티콘이 많으니 누군가에게 선물할 때만 쓰지 말고 생활비를 아끼는 데 적극 활용해보자.

문화상품권 활용법

인터넷 검색창에 '문화상품권 10만 원'을 입력하면 최저가로 구입할 수 있는 판매처가 나온다. 시세에 따라 다르지만 보통 8% 할인된 9만 2천 원에 구입이 가능하다. 결제하면 5분 이내에 휴대폰으로 문화상품권 핀넘버가 발송된다. 이후 '컬처랜드' 홈페이지(www.cultureland.co.kr) 또는 앱에 접속한 뒤 핀넘버를 입력해 컬처캐시로 전환한다.

컬처캐시는 G마켓, 옥션, 이마트몰, SSG, CJ몰, 예스24 등 제휴 쇼핑몰에서 현금처럼 사용할 수 있다. 최종 결제할 때 컬처캐시를 결제 수단으로 선택하면 된다. 일부 쇼핑몰은 자체 적립금으로 전환이 한 번 더 필요하다. 컬처캐시는 쇼핑몰 자체 쿠폰과 중복 할인이 가능하기 때문에 평균 15% 정도 절감된다.

해피머니상품권 활용법

해피머니상품권은 할인율이 더 높다. 인터넷 검색창에 '해피머니상품권 10만 원'을 입력하면 보통 8~9% 할인된 9만 1천~9만 2천 원에 구입이 가능하다. 결제하면 5분 이내에 휴대폰으로 상품권 핀넘버가 발송된다. 핀넘버를 받으면 '해피머니' 홈페이지(www.happymoney.co.kr) 또는 앱에 접속해 '해피캐시'로 충전한다. 이후 제휴 쇼핑몰인 롯데닷컴, CJ몰, 인터파크, 롯데홈쇼핑 등에서 제품을 구입할 때 결제수단으로 '해피캐시'를 선택하면 된다. 해피캐시 역시 현금처럼 사용 가능하기 때문에 쇼핑몰에서 제공하는 쿠폰과 중복 적용된다.

온누리상품권 활용법

온누리상품권은 우리은행, 신한은행, 농협은행, 기업은행 등 지정된 은행에서 상시 5% 할인 구매가 가능하지만, 명절 기간에는 할인폭이 10%로 커진다. 1인당 구매한도 역시 30만 원에서 50만 원으로 늘어난다. 현금과 신분증을 챙겨 은행에 방문한 뒤 신청서를 쓰고 구입하면 된다. 보통 온누리상품권이라고 하면 재래시장에서만 사용 가능하다고 생각하는데, 을지로 지하상가나 강남역 지하상가 등 도심 속 지하상가는 물론이고 시장 근처에 위치한 마트, 수산물시장, 심지어 동네 마트에서도 상품권을 받는 곳이 많다. '전통시장 통통' 홈페이지(www.sijangtong.or.kr)에서 동네 가맹점을 확인해볼 필요가 있다. 또한 액면가의 60% 이상 사용하면(구입액이 1만 원 초과 시) 잔액을 현금으로 돌려받을 수 있기 때문에 실제로는 10% 이상이 할인되는 셈이다.

기프티콘 중고 거래하기

생일이나 경조사 때 지인들에게 선물할 기프티콘은 '기프티스타', '니콘내콘' 등 모바일 중고거래 마켓에서 저렴하게 구입할 수 있다. 브랜드에 따라 다르지만 통상적으로 커피 기프티콘 1개당 15% 이상 할인된다. 커피 외에도 치킨, 아이스크림, 제과, 외식, 영화관 등 다양한 브랜드의 기프티콘을 취급하는데, 사용기한이 임박할수록 할인율이 높다. 마음에 드는 기프티콘을 고른 뒤 결제하면 즉시 사용할 수 있다.

선물받은 기프티콘을 판매해 현금화할 수도 있다. 기프티콘 중고 거래는 개인 간 거래도 가능하지만, 판매 글을 올리고 구매자와 연락하기가 번거롭다. 자신이 소유한 기프티콘을 마켓에 등록하면 수요 및 공급량에 따라 업체에서 판매단가를 제시한다. 해당 가격을 수락할 경우 판매가 완료된다.

미니멀라이프 시대,
재활용으로 쏠쏠하게 돈 벌기

　복잡한 살림의 규모를 줄이고, 최소한의 물건으로 행복을 찾는 미니멀라이프가 주거 트렌드의 대세로 떠올랐다. 과도한 소비생활을 지양하고, 필요 없는 물건을 비움으로써 가장 본질적인 삶의 가치에 집중하겠다는 것이다.

　예술 영역의 하나였던 미니멀리즘이 일상의 영역으로 옮겨오면서 최근에는 재활용을 통해 미니멀라이프를 실천하는 사람들도 많아졌다. 안 쓰는 물건을 그냥 버리는 데 그치는 것이 아니라, 누군가에게 의미 있게 쓰이도록 기부하거나 깨끗하게 재활용해 새로운 수익을 창출한다. 집안 정돈을 깔끔하게 하는 것은 물론 쏠쏠한 용돈벌이까지 할 수 있어 일석이조다.

재활용으로 쌈짓돈 만드는 노하우

헌옷 기부하고 기부금 영수증 받기

더 이상 입지 않는 헌옷을 자선단체에 기부하면 좋은 일도 하고 기부 영수증을 발급받아 연말정산 혜택까지 받을 수 있다. '아름다운가게' 등 자선단체 홈페이지에서 기부신청서를 작성하거나 유선으로 기부 의사를 전달하면 단체에서 무료로 기부물품을 수거해간다. 기부한 옷은 수량과 상태 확인을 거쳐 기부금으로 환산해주는데, 이때 발행된 기부금 영수증으로 연말정산 시 기부금의 15%를 세액공제 받을 수 있다.

예를 들어 올해 3회에 걸쳐 헌옷을 기부하고 총 24만 원의 기부금

헌옷 기부 절차

1. 헌옷 가운데 상태가 좋은 것들을 골라 꼼꼼하게 포장한다.
2. '아름다운가게' 홈페이지(www.beautifulstore.org)에 접속해 기부신청서를 작성한 뒤 수거일을 지정한다(기부물품과 수량 입력).
3. 단체에서 무료로 헌옷을 수거해간다.
4. 단체에서 일주일 이내로 기부금을 정산한 뒤 문자메시지로 안내해준다.
5. 연말정산 시즌에 '연말정산간소화서비스'에서 기부금 영수증을 조회·출력한 뒤 세액공제를 신청한다.

* 우리가 흔히 이용하는 동네 헌옷수거함은 장애인단체나 보훈단체와 위탁 계약을 맺은 사설 수거업체가 운영하는 곳이 대다수다. 버려진 옷 가운데 상태가 좋은 것은 손질을 거쳐 동남아에 수출하고, 낡은 옷은 고물상에 판매해 수익을 낸다. 정작 어려운 이웃에게 옷이 전달되지 않을 가능성이 크다. 게다가 사설 헌옷수거업체를 이용하면 옷의 상태에 관계없이 무게 1kg당 매입가가 200~500원에 불과하다.

영수증을 받았다면, 연말정산 시 3만 6천 원(24만 원×15%)을 세액공제로 돌려받는다. 오랜 시간 방치된 옷들을 이웃에게 기부했을 뿐인데, 자선단체에 매달 2만 원씩 기부하는 일반 후원자들과 같은 세제 혜택을 받는 셈이다. 단, 훼손이 심하거나 재판매할 수 없는 상태의 헌옷은 기부에서 제외된다.

안 보는 중고책 스마트폰 중고매매로 현금화하기

더 이상 읽지 않는 중고책은 예스24, 인터파크, 알라딘 등 대형 온라인서점에서 중고매매가 가능하다. 온라인서점 앱을 다운받은 뒤

앱으로 간편하게 예상 매입가를 확인하고 매입 신청을 할 수 있다

스마트폰으로 책 뒤표지에 있는 바코드를 찍으면 책의 매입 여부와 평균 매입단가를 바로 확인할 수 있다.

총매입가가 1만 원 이상이면 책을 무료로 수거해가고, 편의점 택배로 직접 보낼 수도 있다. 이 경우 택배비를 제외하고 매입금액이 입금된다. 배송이 완료되면 영업일 3일 전후로 매입처리 결과와 최종매입금액을 알 수 있다. 단, 도서 상태에 따라 매입가격이 다르므로 예상 매입가와 실제 매입가는 달라질 수 있으며, 대개 실제 매입가가 더 낮다.

판매 후 정산방식은 현금 계좌이체 또는 서점에서 활용 가능한 포인트(예치금) 중에서 고를 수 있다. 포인트로 정산받기를 선택하면 현금보다 20% 이상 추가로 적립할 수 있어 책을 자주 구매하는 사람에게 유리할 수 있다. 단, 물에 젖은 책, 5줄 이상 줄이 그어져 있는 책, 훼손이 심한 책, 변색이 있는 책, 중요 부분이 빠진 책은 매입이 불가하다.

중고책 매매 절차

1. 예스24, 알라딘 등 온라인서점 앱을 다운받는다.
2. 앱을 실행시킨 후 책 뒤표지 바코드를 찍어 예상 매입가를 확인한다(매입가가 가장 높은 서점으로 선택).
3. 현금 또는 서점 예치금 중에서 정산방식을 선택하고 매입 신청을 완료한다.
4. 판매할 책을 꼼꼼히 포장한다.
5. 총매입가가 1만 원 이상이면 서점 측에서 무료로 수거해간다.
6. 매입처리 결과를 확인하고 현금 또는 서점 예치금으로 돌려받는다.

우유팩이나 폐건전지를 생활용품과 교환하기

우유를 자주 마시거나 장난감 사용량이 많은, 어린 자녀를 둔 가정 집이라면 우유팩이나 폐건전지를 주민자치센터에서 생활용품과 교환할 수 있다. 통상 우유팩 500mL짜리 55매, 1천mL짜리 35매당 재생 화장지 1롤 또는 종량제 봉투와 교환해준다. 폐건전지 10~20개를 모으면 새 건전지 한 세트(2개)로 교환이 가능하다. 지자체마다 운용방법과 교환용품이 다르므로 사전 문의는 필수다.

맥주·소주병 등 빈용기 보조금 받기

빈병을 마트나 편의점에 반납하면 빈용기 보조금을 챙길 수 있다. 빈병을 깨끗이 헹군 뒤 뚜껑을 닫은 채 반납하면 현장에서 소주병 100원, 맥주병 130원, 정종 등 대형병류 350원을 현금으로 돌려준다. 평소 대형마트를 자주 간다면 이마트, 롯데마트, 홈플러스 등 전국 마트에 설치되어 있는 빈병 무인회수기를 이용할 수 있다. 기계에 빈병을 넣은 뒤 영수증을 고객센터에 제시하면 현금으로 정산해준다. 전국 53개 대형마트에서 이용할 수 있으며, 자세한 위치는 한국순환자원유통지원센터 홈페이지(www.kora.or.kr)에서 확인할 수 있다. 단, 깨지거나 훼손이 심한 빈병은 회수가 불가하다.

단돈 몇백 원 받자고 빈병을 반납하는 일이 수고로울 수 있다. 그러나 빈용기 보조금은 소주·맥주 출고가격에 선(先) 반영되기 때문에 돌려받지 않으면 소비자가 인상된 술값을 고스란히 떠안는 구조다. 빈용기 보조금은 엄연한 소비자의 권리임을 잊지 말자.

화장품 공병, 인기 립스틱으로 바꾸기

매일 아침저녁 사용하는 화장품도 재활용하면 돈이 된다. 많은 코스메틱 브랜드들이 환경 보호 취지로 화장품 공병 수거 이벤트를 진행하고 있다. 다 쓴 화장품 용기를 모아 반납하면 새 제품으로 교환해주거나 포인트 적립, 샘플 증정, 할인 등 다양한 혜택을 준다.

대표적으로 맥(MAC)은 자사 제품 공병을 6개 가져오면 인기 립스틱 1개를 증정하고, 러쉬(LUSH)는 자사 라벨이 제거된 까만 단지형 공병 5개를 가져오면 2만 원대의 프레시 마스크를 증정한다. 아모레퍼시픽(프리메라, 설화수, 헤라, 리리코스), 에스쁘아, 이니스프리, 아리따움 등은 자사 제품 공병 1개당 500포인트씩(이니스프리는 300포인트), 월 최대 5천 포인트(이니스프리는 3천 포인트)까지 적립해주며, 키엘(KIEHL'S)은 공병 1개당 마일리지 20포인트(2만 원)를 적립해준다.

수상한 병원비,
손해 보지 않는 방법

　누구나 살면서 한 번쯤은 상해나 질병에 노출된다. 감기나 몸살처럼 비교적 가벼운 증상일 수도 있고, 예기치 못한 사고가 발생할 수도 있다. 그러나 똑같은 감기로 내원해도 병원 규모와 방문 시기에 따라 진료비가 다르고, 같은 상해로 입원해도 입원기간에 따라 환자 부담금이 달라진다. 갑작스러운 응급실 방문에 누군가는 병원비 폭탄을 맞지만, 누군가는 이 와중에도 합리적인 비용으로 병원비를 부담한다.

　이러한 차이는 어디에서 나오는 걸까? 의료비는 건강한 삶을 위해 꼭 필요한 지출이지만, 몇 가지 요령만 숙지하면 같은 상황에서도 최대 절반까지 줄일 수 있다.

의료비, 확 줄이는 방법을 알아두자

한 군데 병·의원을 꾸준히 방문하기

병원을 처음 방문했을 때 내는 초진 진찰료가 두 번째 방문부터 적용되는 재진 진찰료보다 30%가량 비싸다. 이는 의사가 최초로 환자의 질병을 판명하는 초진의 난이도가 재진보다 높다고 판단하기 때문이다.

병원비는 진찰료와 행위료, 검사료 등으로 이루어지는데, 이 중에서 진찰료가 차지하는 부분이 가장 크다. 동네 의원 기준으로 초진 진찰료는 1만 5,730원, 재진 진찰료 1만 1,240원이며(2019년 기준), 이

<2019년 병원 외래 초진·재진 진찰료>

(단위: 원)

		상대가치점수	2018년		2019년		증가분
			환산지수	진찰료	환산지수	진찰료	
의원	초진	188.11	81.4	15,310	83.6	15,730	420
	재진	134.47	81.4	10,950	83.6	11,240	290
병원	초진	208.86	73.5	15,350	74.9	15,640	290
	재진	151.37	73.5	11,130	74.9	11,340	210
종합병원	초진	232.33	73.5	17,080	74.9	17,400	320
	재진	174.84	73.5	12,850	74.9	13,100	250
상급종합병원	초진	255.79	73.5	18,800	74.9	19,160	360
	재진	198.31	73.5	14,580	74.9	14,850	270

* 의원은 협상 결렬로 국민건강보험공단 측이 제시한 수치로 추정

중에서 본인 부담금은 30%다. 따라서 여러 곳에 방문해 초진 진찰료를 중복 부담하는 것보다, 한곳에서 꾸준히 치료하는 편이 비용 면에서 유리하다. 단, 만성질환은 90일 이내, 일반질환은 30일 이내에 방문해야만 재진 진찰료가 적용된다. 이후부터는 같은 질환이어도 비싼 초진 진찰료를 내야 한다.

병원 규모가 작을수록 진찰료가 저렴하다

감기, 소화불량, 몸살 등 가벼운 질환은 큰 병원보다 동네 의원에서 진료받는 것이 경제적이다. 병원 규모가 작을수록 진찰료가 저렴하고 본인 부담금이 줄어들기 때문이다. 건강보험공단이 부담하는 진찰료를 제외한 환자 부담금은 '동네 의원(30%) < 병원(40%) < 종합병원(50%) < 상급종합병원(60%)' 순이며, 기본 진찰료도 2019년 기준 '병원(15,640원) < 종합병원(17,400원) < 상급종합병원(19,160원)' 순으로 저렴하다(의원급 진찰료는 협상 결렬로 인해 공단 측이 제시한 추정치).

주말 · 야간 · 공휴일엔 가산금 30~50%

병원을 방문하는 요일과 시간에 따라서도 진찰료가 달라진다. 정부가 시행 중인 '야간·공휴일 가산제도'에 따라 공휴일이나 야간에 진료를 받으면 기본 진찰료에 30%의 가산금을 내야 한다. 응급수술 등 응급진료의 경우 평소보다 50%의 가산금이 붙는다. 평일 오전 9시~오후 6시, 토요일 오전 9시~오후 1시 이후에는 기본 진찰료가 평소보다 20~30% 올라간다. 특히 밤 10시부터 다음 날 오전 7시는 심

야시간대로 적용되어 진찰료가 최대 50~100% 비싸지므로 긴박한 상황이 아니라면 이 시간대는 피하는 것이 좋다. 성형외과, 치과 등에서 비보험 진료를 받을 때도 공휴일은 성수기로 꼽힌다. 특히 비보험 항목은 병원 자체적으로 진료비를 책정하는 만큼, 수요가 적은 평일이 가장 저렴하다.

입원은 자정 전에, 입원기간은 15일 이내로

입원하는 시간과 입원기간도 병원비에 영향을 미친다. 일반병원의 경우 자정 12시~오전 6시에 입원하거나, 오후 6시~자정 12시 사이에 퇴원수속을 밟으면 입원료의 50%가 할증된다. 입원기간이 15일을 넘기면 환자의 병원비 부담도 커진다. 국민건강보험법에 따라 입원기간 1~15일은 입원비 본인 부담률이 20%지만, 16~30일은 25%, 31일 이상은 30%를 부담해야 한다.

응급실은 입원비를 산정하는 기준이 자정 12시다. 자정 이전에 병원에 입원수속을 밟고 자정 이후에 퇴원하면, 이틀치 입원비가 청구될 수 있다. 또한 실제 응급환자는 응급의료 관리료 지원대상이 되어 국가에서 병원비의 50%를 지원하지만, 비교적 증상이 가벼운 환자는 되레 병원비 폭탄을 맞을 수 있다.

보건소에서 무료 접종하기

지역 보건소를 활용하면 무료 예방접종은 물론이고 일반 병·의원보다 부담 없는 비용으로 진료를 받을 수 있다. 보건소는 영유아 필수접종을 비롯해 어린이와 청소년, 노인을 대상으로 독감 예방접종, 폐렴 예방접종, 장티푸스 예방접종 등을 무료로 실시한다. 골밀도검사나 피검사도 대부분 무료다. 지역마다 차이는 있지만 대개 원외처방(진료+처방전)은 환자 부담금이 500~1천 원에 불과하고, 독감 예방접종도 일반 병원보다 저렴하다.

무료 국가건강검진 챙기기

국가에서 무료로 실시하는 건강검진도 꼼꼼히 챙길 필요가 있다. 건강보험에 가입한 근로자, 지역가입자, 피부양자라면 누구나 1~2년에 한 번씩 무료 건강검진을 받을 수 있다. 국가건강검진 가운데 1차 건강검진과 생애전환기 건강검진은 무료이고, 5대 암검진은 공단에서 비용의 90%를, 환자가 10%를 부담한다. 자궁경부암은 20세 이상, 대장암은 50세 이상, 간암·위암·유방암은 40세 이상부터 검진이 가능하다.

줄줄 새는 아파트 관리비
1/3 줄이기

국민의 65% 이상이 공동주택에 거주하고 있지만 같은 단지, 같은 평수에 살아도 아파트 관리비는 천차만별이다. 단지 규모에 따라, 에너지 사용량에 따라, 자동이체 할인 등에 따라 관리비가 대폭 달라지기 때문이다.

특히 전월세 세입자의 경우 퇴거 시 집주인에게 돌려받는 장기충당수선금을 챙기면 한 달치 월세를 절약할 수 있고, 자가주택인 입주자들은 단지지원금 프로그램을 통해 관리비를 줄여나갈 수 있다.

아파트 관리비는 쾌적한 주거생활을 위해 매달 부담해야 할 비용이지만 몇 가지 사항만 점검하면 연 10만 원 이상은 가뿐하게 아낄 수 있다.

아파트 관리비, 아낀 만큼 돌려받자

집주인에게 돌려받는 '장기충당수선금'

아파트나 오피스텔에 거주하는 전월세 세입자라면 임대차계약이 종료되는 날(이사하는 날), 집주인에게 적게는 몇만 원에서 많게는 수십만 원에 달하는 '장기충당수선금'을 돌려받을 수 있다. 장기충당수선금은 아파트나 오피스텔을 관리하면서 승강기 등 노후된 시설물을 교체하거나 단지를 깨끗하게 관리하기 위해 필요한 금액을 장기간 쌓아놓는 예치금을 말한다. 매달 날아오는 관리비 고지서에 장기충당수선금 항목이 기재되어 있다.

세입자는 집을 비워주는 날 관리실에 방문해 장기충당수선금 내역을 발행하고, 집주인에게 이를 제시하면 된다(부동산에 요청하면 대신 처리해준다). 20평대 기준으로 매월 평균 1만 원 전후의 장기충당수선금이 발생하며, 2년간 누적금액은 24만 원 수준이다.

이사 당일에 깜박하고 장기수선충당금을 돌려받지 못했어도 주택법에 따라 10년 내에 집주인에게 청구하면 환급이 가능하다. 단, 납부내역을 증빙할 수 있는 자료가 있어야 하므로 관리비 영수증을 모아두는 것이 좋다. 모아둔 관리비 영수증이 없다면 예전에 거주했던 아파트 관리실에 방문해 재발행해야 하는 번거로움이 있다. 일부 오피스텔의 경우 장기충당수선금이 관리비 내역에 포함되지 않는 곳도 있으니 사전 확인이 필요하다.

에코마일리지 & 탄소포인트 제도

서울 지역에 거주한다면, 가정에서 생활 에너지를 절약한 만큼 마일리지로 환산해주는 에코마일리지 제도를 활용하자. 전기·수도·도시가스(지역난방 포함) 사용량을 6개월 주기로 체크한 뒤, 최근 6개월간 월평균 사용량에서 5% 이상 감축하면 마일리지를 준다. 에너지 감축량이 5~10%면 1만 마일리지, 10~15%면 3만 마일리지, 15% 이상이면 5만 마일리지를 제공한다. 6개월 최대 5만 마일리지, 연 최대 10만 마일리지까지 적립이 가능하다.

에코마일리지 사이트(ecomileage.seoul.go.kr)에 접속한 뒤 전기, 가스, 수도 가운데 2개 이상의 고객번호를 입력하면 신청이 완료된다. 적립된 마일리지는 상품권 교환, 아파트 관리비 및 통신요금 납부, 지방세 납부, 친환경 제품 교환 등에 활용할 수 있다.

서울 외 지역에서는 '탄소포인트'라는 이름으로 비슷한 제도를 시

에코마일리지 이용방법

1. 에코마일리지 사이트에 회원가입한 후 전기·수도·도시가스 고객번호를 입력한다.
2. 에코마일리지 제휴 은행(우리, SC제일, NH농협, IBK기업) 홈페이지에서 카드를 신청한다(신용·체크·멤버십카드 중에서 선택).
3. 최근 6개월 대비, 직전 동기간 2년 평균 사용량을 계산해 온실가스를 5% 이상 감축하면 인센티브 대상자로 선정된다.
4. 온실가스 감축량에 따라 본인의 에코마일리지 카드에 최대 5만 포인트, 연 최대 10만 포인트가 지급된다.
5. 적립된 포인트로 현금 전환, 상품권 교환, 아파트 관리비 차감, 통신비 납부로 활용할 수 있다.

행 중이다. 1년에 두 번 에너지 사용량을 체크해 아낀 에너지만큼 포인트를 지급한다. 홈페이지(cpoint.or.kr)에서 가입하거나 관할 시군구 담당 부서에 직접 방문 또는 우편·팩스로 가입할 수 있다.

관리비 아끼는 아파트에는 '단지지원금 프로그램'

입주자의 노력으로 관리비를 낮출 수 있는 방법도 있다. 전국 지방 자치단체와 에너지관리공단(www.energy.or.kr)에서 아파트 관리비를 절약하는 단지에 지원금을 보조하는 '단지지원금 프로그램'을 신청하는 것이다. 아파트 입주민들이 자발적으로 관리비 절감 목표를 세우고 구체적인 계획을 제출하면 심사 후 사업비를 지원해준다.

TV 수신료 해지하기

만약 집에 TV가 설치되어 있지 않다면 TV 수신료를 내지 않아도 된다. 그러나 TV 수신료는 전기료에 함께 부과되기 때문에, 부당하게 납부하고도 이 사실을 놓치는 가구들이 많다. 매달 2,500원의 수신료도 1년이면 3만 원에 달한다. 문제는 뒤늦게 항의하더라도 이미 납부한 요금을 전액 환불받기 어렵다는 점이다. 요금을 징수하는 KBS 또는 한국전력공사 입장에서는 해당 가구에 언제부터 TV가 없었는지 확인할 길이 없기 때문이다. 따라서 TV가 없는 가구라면 이사한 첫날부터, 혹은 TV를 제거한 날 즉시 수신료 해지를 신청해야 한다. 신청한 당월부터 수신료가 부과되지 않는다.

관리비·공과금 자동이체 할인

신용카드로 아파트 관리비를 자동이체(결제)하면 포인트 적립 및 할인이 가능하다. 자신이 소유한 신용카드에 관리비 및 공과금 자동이체 할인 혜택이 있다면 카드사에 요청해 등록할 수 있다.

> **각종 공과금 할인 팁**
> - 전기요금을 은행계좌로 자동이체 시 매달 요금의 1%, 최대 1천 원 할인
> - 도시가스요금 모바일 고지서 신청 시 3천 포인트 제공(요금 납부 및 편의점 등에서 활용 가능).
> - 수도요금 은행 자동이체 후 이메일 고지서 신청 시 월 요금의 1% 할인

연 60% 이자 폭탄, 관리비 연체는 금물

관리비를 줄이는 가장 기본적인 습관은 연체하지 않는 것이다. 적은 돈이라고 무심코 지나쳤다간 2~3개월 후 원리금(원금+연체이자)이 불어나 이자 폭탄을 맞을 수 있다. 서울시 및 경기도의 공동주택 관리규약에 따르면, 입주민들은 관리비를 기한까지 납부하지 않을 경우 연체요율에 따라 가산금을 내야 한다. 연체요율은 1년 이하 연 12% 이내, 1년 이상 15%를 부과하며, 일할 계산이 원칙이다(전국 지방자치단체별로 연체요율 상이).

그러나 많은 아파트가 관리비를 하루만 연체해도 한 달치 연체료를 부과하거나, 규정의 최대 5배가 넘는 연 24~60% 상당의 연체율

을 적용하는 꼼수를 부린다. 예를 들어 관리비 15만 원을 3일 연체했을 때, 규정대로라면 연체료는 150원[15만 원×(12%/365)×3일]에 불과하지만, 실제로는 연체이자로만 3천~7,500원을 청구하는 경우가 허다하다. 연체만 피해도 아까운 돈을 버리는 일이 없어진다.

우리 집 관리비가 비싼지 확인하려면?

우리 집 아파트의 관리비 수준이 어느 정도인지 알고 싶다면 국토교통부의 '공동주택관리정보시스템' 사이트(www.k-apt.go.kr)에서 조회해보자. 같은 아파트여도 층수에 따라 승강기 이용요금이 다르고, 같은 24평이어도 옆 단지 아파트와 관리비 차이가 큰 이유를 확인할 수 있다.

아파트 관리비 수준을 결정하는 항목 5가지

- **단지 규모**: 세대수가 적은 단지일수록 관리비가 비싸다. 단지 크기에 관계없이 의무적으로 갖춰야 할 시설과 채용해야 할 인력이 있기 때문이다.
- **경비 방식**: 아파트 동마다 출입구 경비를 서는 아파트가 여러 동을 통합해 경비를 맡는 아파트보다 관리비가 비싸다.
- **층수**: 층수가 높을수록 승강기 수가 많고 이용횟수 또한 잦기 때문에 관리비가 상승한다.
- **난방 방식**: '중앙난방>지역난방>개별난방' 순으로 난방비가 높다.
- **건축 연도**: 준공한 지 오래된 아파트일수록 하자보수와 시설 노후화 작업이 많아 관리비가 비싸다.

전국 17개 시도의 항목별 관리비 평균단가는 물론 아파트 관리비의 상당 부분을 차지하는 공용관리비의 부과기준과 쓰임새를 확인할 수 있다. 특정 단지와 1 대 1 관리비 비교가 가능하며, 우리 아파트에서 체결한 수의계약 내용도 확인할 수 있다. 상담센터(1644-2828)에서 문의도 가능하다.

살림 9단이 알려주는
알뜰 장보기 요령

대한민국, 그중에서도 서울은 세계 최고의 물가를 자랑하는 도시로 꼽힌다. 영국의 한 경제분석기관에 따르면 서울의 물가 수준은 세계 6위로, 미국 뉴욕과 프랑스 파리보다도 높다. 특히 서민들의 먹거리와 직결되는 식료품비 물가는 세계 1위를 달린다. 고소득층보다 체감물가 상승률이 높은 서민들 입장에서는 장보기 겁난다는 말이 절로 나온다. 월급 빼고 다 오르는 고공행진 물가 앞에서 주부들의 최대 고민은 '어떻게 하면 저렴한 비용으로 영양 있는 한 끼 식사를 준비할 수 있을까?'다.

다행인 것은 농산물과 신선식품은 작황과 수급상황에 따라 가격이 유동적이어서 저렴한 기간을 공략해 장을 볼 수 있다는 것이다. 우리가 습관적으로 방문하는 마트에서도 몇 가지 팁만 기억하면 반값에 식재료 구입이 가능하다. 우리 집 식탁물가를 잠재우는 알뜰 장보기 요령 9가지를 소개한다.

장보기 전에 꼭 체크해야 할 9가지

오늘의 물가정보 체크하기

장보기 전 오늘의 식재료 물가를 체크하면 저렴한 품목 위주로 쇼핑리스트를 짤 수 있어 경제적이다. 농수산물 물가정보는 한국농수산식품유통공사(aT)의 '카미스' 앱에서 볼 수 있다. 한 주간 유통되는 농수산물 가격뿐만 아니라 품목별로 대형마트와 재래시장 가격을 비교할 수 있다. 신청자에 한해 매주 2회 '맞춤형 유통정보 문자서비스'도 제공한다. 매주 화요일과 금요일에 제철먹거리 정보와 수급상황, 가격, 다음 주 가격전망을 받아볼 수 있다. 문자서비스는 aT 유통정보부 카미스 운영 담당자(061-931-1089)에게 신청하면 된다.

생필품 물가정보는 소비자원의 '참가격(www.price.go.kr)' 사이트에서 확인할 수 있다. 사이트 내 '품목별 가격정보'에서 품목별 대형마트·백화점·전통시장·슈퍼마켓·편의점 가격정보와 주간 단위 할인정보를 게시한다. 미용실, 학원, 세탁소 등의 전반적인 물가도 비교할 수 있어 유용하다.

쇼핑리스트 만들기

충동구매를 막을 수 있는 가장 효과적인 방법은 미리 쇼핑리스트를 만들어 정해진 항목들만 사는 것이다. 식재료는 한 주간 식단을 짜본 뒤 공통적으로 필요한 식재료와 상시 있어야 할 과일 위주로 리스트를 정한다. 처음에는 생각나는 대로 다 적되, 이후 리스트 가운데 1/3은 없앤다는 생각으로 꼭 필요한 재료만 선별하는 과정을 거친다. 생필품 등 그 밖에 필요한 물건도 미리 적어두면 좋다.

가급적 혼자서 장보기

가족 구성원이 다 함께 장을 보면 생각지 못한 구매리스트가 늘어난다. 신혼부부가 함께 장을 보면 주류와 반조리 식품이 늘어나고, 아이가 따라가면 장난감이나 간식을 두고 실랑이를 벌이는 상황이 곧잘 벌어진다. 가능하면 장은 혼자서, 리스트에 적힌 대로 꼭 필요한 것만 구매하자.

1+1 상품이나 진열대 상품에 현혹되지 않기

하나를 사면 하나를 더 얹어주는 1+1 상품은 유통기한이 짧은 경우가 많다. 구입 당시 저렴하게 산 것 같아도, 결국 다 먹지 못하고 버리는 경우가 허다하다. 4인 가구 이상이거나 두고두고 사용할 수 있는 생필품이 아니라면 1+1 상품은 한 번 더 고민해보고 장바구니에 담자.

사람들의 눈높이에 놓여 있는 진열대 상품은 마트 측에 마진이 많이 남는 유명 브랜드로 구성되어 있다. 진열대 위아래를 두루두루 살피면 질이 좋으면서도 저렴한 상품들을 고를 수 있다.

단위가격 비교하기

같은 생활용품이라도 진열된 상품마다 용량이 달라 어떤 제품이 저렴한지 헷갈릴 때가 있다. 이럴 때는 판매가격 하단에 명시되어 있는 단위가격을 확인한다.

예를 들어 A세제는 5천 원(2L), B세제는 4,500원(1.5L)에 판매 중이라고 가정해보자. 얼핏 보면 B세제 가격이 저렴해 보이지만, 단위가격을 따져보면 A세제는 100ml당 250원, B세제는 100ml당 300원이다. 결과적으로 A세제가 더 저렴하다.

대형마트 황금시간대 활용하기

대형마트는 매달 둘째 주와 넷째 주 일요일이 정기휴무다. 그래서 하루 전날인 토요일 저녁에 마트를 방문하면 타임세일을 적용받을 수 있다. 특히 신선식품과 육류품의 경우 당일에 처분하지 못하면 신선도에 타격을 입기 때문에 최대 50~70% 세일한다. 할인 폭이 가장 큰 시간은 오후 9시 이후지만, 좋은 제품은 미리 빠질 수 있으므로 이를 감안해 시간대를 잘 선택한다. 평상시에는 대체로 목요일에 한정 특판 세일이 많고, 신선식품 구입은 마감 2~3시간 전에 가격이 떨어진다.

소량 구입은 동네마트에서

식료품을 소량으로 구매할 때는 시간과 비용 면에서 동네마트를 방문하는 것도 방법이다. 지출은 들이는 시간과 노력에 비례해 늘어나는 경향이 있다. 한 번 가면 기본적으로 1시간은 걸리는 대형마트보다 30분을 채 넘기지 않는 동네마트가 지출을 통제하기 유리하다. 또한 동네마트는 2만 원 이상 구매 시 무료 배송 서비스가 가능한 곳이 많으므로 적극 활용한다.

재래시장은 온누리상품권으로 할인받기

동네에 재래시장이 있다면 온누리상품권을 활용해 시세보다 저렴하게 장을 볼 수 있다. 온누리상품권은 시중은행과 상호금융권에서 상시 5% 할인된 금액으로 1인당 30만 원까지 구입할 수 있다. 명절 기간에는 10% 특별할인을 하기도 한다. 그러면 30만 원 상당의 상품권을 27만 원에 살 수 있는 것이다. 온누리상품권은 5천 원권 위주로 구매해 소액결제에 활용하고, 현금영수증도 잊지 않고 끊는다. 일반 재래시장뿐 아니라 시장 내 마트에서도 이용할 수 있다.

온누리상품권 구입처 및 사용처 확인

- **구입처**: 기업은행, 우리은행, 신한은행, 부산은행, 광주은행, 대구은행, 전북은행, 경남은행, 새마을금고, 우체국, 농협, 수협, 신협
- **사용처 확인**: 전통시장 통통(www.sijangtong.or.kr)

온라인몰, '카드·통신사·쿠폰' 3총사 활용하기

대부분의 대형마트는 온라인몰을 함께 운영한다. 온라인몰은 장보는 데 드는 시간과 교통비가 절감되고, 2만~4만 원 이상 구매 시 원하는 날, 원하는 시간대에 무료 배송이 가능하다는 점이 매력적이다. 온라인몰을 이용할 때는 자체 사이트에서 발행하는 할인쿠폰 외에도 카드 제휴 할인과 통신사 포인트 할인, 항공사 포인트 적립 혜택 등을 중복으로 챙겨야 한다.

단, 온라인몰은 직접 물건을 보고 평가하는 '검증' 단계가 생략되기 때문에 이용자들의 후기를 꼼꼼히 살펴봐야 한다. 식료품보다 공산품과 생필품 위주로 구매하는 것이 유리하다.

B급 상품 활용하기

외관상 상품성이 떨어지지만 맛과 영양에는 차이가 없는 B급 상품과 못난이 상품을 활용하는 것도 대안이 될 수 있다. 낙과하거나 표면에 상처가 있는 과일, 모양새가 특이한 못난이 상품은 시세보다 30~50% 저렴한 가격에 살 수 있고, 유통기한이 얼마 남지 않은 식품을 최대 90%까지 저렴하게 판매하는 전문쇼핑몰도 여럿 있다. 유통기한이 임박할수록 가격이 저렴해지지만, 유통기한이 1년 넘게 남은 건강보조식품이나 재고량이 많아 싸게 처분하는 상품도 많다. 이러한 틈새시장만 잘 활용해도 식비 방어에 도움이 된다. 인터넷에 '유통기한 임박몰'을 검색하면 관련 사이트들이 많이 뜬다. 대표적인 곳으로 '떠리몰', '이유몰' 등이 있다.

손품을 조금 더 팔면
이사비용도 낮출 수 있다

옛말에 "이사를 3번 하면 집이 한 번 불탄 것과 같다."라고 했다. 이사 한 번에 들어가는 비용과 시간, 수고로움이 만만치 않다는 의미다. 그러나 내집 마련이 힘든 서민들에게 이사는 2년에 한 번씩 돌아오는 미션과 같다. 좋은 날짜에, 합리적인 비용으로, 믿을 만한 이사업체에 이사를 맡기는 일이 쉽지 않아서다.

특히 이사 경험이 부족한 사회초년생이나 신혼부부는 이사업체를 선정하는 일조차 버겁다. 뭣 모르고 덜컥 계약했다가 뒤늦게 청구된 옵션비용으로 덤터기를 쓰기도 하고, 저렴하다는 이유로 미허가업체를 이용했다가 이사 도중에 가전·가구가 파손되는 피해를 입기도 한다.

이사비용은 날짜, 거리, 트럭 톤수, 인건비, 사다리차 등 작업 조건에 따라 천차만별인데, 이는 이사업에 대한 특수성 때문이다. 같은 평수, 같은 날짜에 이사를 해도 이사비용이 다르고, 이사 도중 피해가 발생했을 때 누군가는 보상을 받고 누군가는 그렇지 못하는 이유다. 바꿔 말해, 미리 몇 가지 특수성만 이해하면 이사비용을 최저가로 낮출 수 있다.

이사비용을 최저가로 낮추는 6단계 스킬

1단계: 불필요한 물건 처분하기

포장이사 요금은 기본적으로 트럭 톤수에 의해 좌우된다. 짐이 많으면 큰 트럭이 필요하고, 짐이 적으면 작은 용달차로도 해결되는 이치다. 따라서 불필요한 물건을 처분해 이삿짐의 양과 부피를 줄일수록 이사비용도 줄어든다. 이사업체가 방문견적을 내기 전에 필요 없는 물건을 미리 중고로 처분하거나 가까운 지인들에게 나눠주는 것이 현명하다.

시간적 여유가 있거나 이삿짐이 많지 않다면 사전에 짐의 일부를 직접 포장하는 반포장이사도 고려할 만하다. 박스 포장부터 운송, 입주 시 짐정리까지 모든 것을 해결해주는 포장이사보다 저렴할 뿐 아니라, 중요한 물건을 따로 보관할 수 있어 유용하다.

2단계: 손 없는 날과 주말 피하기

포장이사는 수요와 공급에 따라 이사비용이 결정된다. 사람들이 선호하는 '손 없는 날'은 이사비용이 2배까지 치솟는다. 손 없는 날의 '손'은 사람의 활동을 방해하고 해코지하는 악귀 또는 악신을 뜻한다. 전통 민간신앙에서 '손 없는 날'은 길한 날로 꼽히기 때문에 결혼·이사·개업 등 중요한 행사 날짜를 정하는 기준이 되어왔다. 그래서 손 없는 날에 이사하면 평일 20~30%, 주말 최대 2배까지 요금이 치솟는다. 이사비용은 '평일 < 주말 < 평일 손 없는 날 < 주말 손 없는 날' 순으로 저렴하다. 길일을 고집해야 한다면 주말보다는 평일 손 없는 날, 크게 개의치 않는다면 손 없는 날과 관계없는 평일에 이사하는 것이 좋다. 계절상으로는 봄·가을 시즌보다 여름과 겨울이 더 저렴하고, 월 주기로는 월말보다 월초~중순이 유리하다.

3단계: 세 군데 이상 업체에서 견적받기

만 원짜리 물건 하나를 사더라도 가격 비교가 필수인 시대다. 100만 원 내외로 목돈이 드는 이사도 예외일 수 없다. 이사업체를 고를 때는 고객 후기가 좋은 곳을 중심으로 최소 세 군데 이상 견적을 받아본다. 손품 파는 시간을 줄이고 싶다면 이사 역경매사이트에 이사 정보를 등록하고 가장 좋은 조건을 제시한 업체를 선정하는 것도 방법이다. 다수의 업체가 경쟁하기 때문에 이사업체 한 곳에 의뢰하는 것보다 20~30%가량 저렴한 가격을 받을 수 있으며, 대략적인 이사견적을 확인하는 기회로도 삼을 수 있다. 단, 5톤 이상의 트럭이 필요한 경우에는 전화나 온라인 견적은 정확성이 떨어질 수 있으므로 방문견적을 거치는 것이 안전하다.

4단계: 정식 허가업체 이용하기

아무리 이사비용이 저렴하더라도 미허가업체는 향후 이사 관련 피해가 발생했을 때 구제가 어렵다. 일부 이사 프랜차이즈는 본사의 몸집을 키우기 위해 무허가 이사업체를 대거 입점시키기도 하고, 일부 업체는 이사견적을 낮추기 위해 전문인력이 아닌 아르바이트생을 고용해 암암리에 영업한다. 따라서 계약서 작성 시 사업자 대표자명과 주소 등 인적 사항을 꼼꼼히 확인하고, 화물자동차 운송주선 허가증이 있는지 문의해야 한다. 정식허가 이사업체 여부는 '허가이사종합정보' 사이트(www.허가이사.org)에서 확인할 수 있다.

5단계: 옵션비용을 미리 확인하기

이사비용을 결정짓는 변수는 옵션비용이다. 이사업체와 소비자 간의 분쟁이 가장 많이 발생하는 부분이기도 하다. 대표적인 옵션비용은 에어컨 설치비, 붙박이장 이전설치비, 피아노 운반비, 엘리베이터 이용료, 정리정돈비 등이다. 세부 작업 조건과 특약사항에 따라 가격이 달라진다. 이사 갈 집의 작업환경에 따라서도 옵션비가 추가되는데 대문 앞 주차 여부, 화물차량 진입 가능 여부, 계단 폭, 사다리차사용 여부에 따라 가격이 다르다.

문제는 이런 옵션사항을 정확히 모르고 있다가 이사 당일 요금이 추가되면서 분쟁이 생긴다는 것이다. 계약 전 이사업체에 이사 당일 작업환경에 대해 충분히 설명하고, 필요한 옵션사항은 표준이사계약서에 명확히 명시해야 한다. 구두로 합의했다면 음성녹음을 하고, 그렇지 않다면 반드시 서면으로 옵션사항을 기재한다.

6단계: 이사 전후 파손된 가구 사진 찍기

짐을 포장하고 운반하는 과정에서 종종 가전·가구가 파손된다. 한국소비자원에 따르면 소비자 10명 중 5명은 이사화물서비스 피해를 겪었으며, 이 중 이삿짐 파손 및 훼손(64.8%)과 분실(10.5%)이 가장 많았다. 해마다 7천 건 이상 피해가 접수되지만, 피해 구제가 이루어진 경우는 5% 수준에 불과하다. 소비자가 파손과 분실을 입증하기 어렵기 때문이다. 증거 확보를 위해 이사 시작 전 가전·가구의 주요 부위를 촬영해두는 것이 좋다. 이사 도중 파손이 발생하거나 이사가 끝난 뒤 가전·가구 상태를 살필 때 확인자료로 쓸 수 있다.

만약 현장에서 물품 파손이 발생했다면 즉시 현장 관리자에게 이야기한 뒤 확인서를 요구해야 한다. 계약 전에 해당 이삿짐센터가 관련보상보험에 가입되어 있는지도 확인한다. 최근에는 포장이사 과정을 CCTV로 녹화해 고객에게 제공하거나, 이사 당일 거실과 안방, 주방에 카메라를 설치하고 이사를 진행하는 업체도 등장했다. 고가의 가전·가구가 많다면 이런 업체를 이용하는 것도 고려해볼 만하다.

갈수록 늘어나는
통신비 30% 줄이기

　　스마트폰 터치 한 번으로 금융, 쇼핑, 문화, 게임 등 모든 것이 가능한 시대다. 아침에 눈을 떠 밤에 잠이 들 때까지, 심지어 가족보다 더 오랜 시간을 스마트폰과 보낸다. 이제 스마트폰 없는 하루는 상상도 할 수 없을 만큼 우리 생활 깊숙이 자리 잡았다.

　　덩달아 가계의 통신비 부담도 늘었다. 통계청에 따르면 2018년 기준 가구당 통신비 요금은 13만 4천 원으로(1인 가구 포함), 3~4인 가구의 경우 이보다 통신비가 훨씬 높을 것으로 예상된다. 갈수록 스마트폰 교체 주기가 짧아지고, 데이터 사용량이 늘어나면서 통신비 절감이 점점 더 어려워지고 있다.

　　IT 기술의 발달로 스마트폰 사용량이 늘어나는 시대의 흐름을 역행할 수는 없다. 그러나 좀처럼 통신비가 줄지 않는다면 약정기간이 끝나기 무섭게 새 스마트폰으로 갈아타거나, 비싼 무제한 요금제를 고수하고 있는 것은 아닌지 되돌아볼 필요가 있다. 통신비 폭탄의 악순환을 끊어줄 6가지 팁을 소개한다.

통신비 폭탄을 막는 6가지 방법

요금할인 25% vs. 단말기 지원금

처음 휴대폰을 개통할 때 소비자가 선택할 수 있는 할인옵션은 2가지다. 단말기 지원금을 받을 것인가, 요금할인 25%를 받을 것인가다. 자신의 월 통신 사용량과 재정상황에 따라 선택을 달리한다. 만약 중고폰·해외폰 등 단말기를 별도 구매했거나 통신사 약정기간이 만료된 경우라면 요금할인을 선택하는 것이 합리적이다. 통신사를 옮기거나 새 스마트폰으로 교체하는 대신 매달 통신비 25%를 줄여 실속을 챙기는 것이다. 6만 원 상당의 무제한 요금제 기준으로, 매달 1만 5천 원이 할인되어 4만 5천 원만 부담하면 된다.

반면 새 스마트폰으로 바꿔야 할 상황이라면 단말기 지원금을 고려해볼 수 있다. '스마트초이스' 사이트(www.smartchoice.or.kr)에 접속해 스마트폰 모델명과 요금제 구간을 선택하면 통신3사별로 단말기 지원금을 확인할 수 있다. 출고된 지 오래된 단말기일수록 지원금이 크고, 출고가가 같은 단말기라도 통신사별로 지원금이 다르므로 반드시 크로스 체크해야 한다. 스마트폰은 대개 1년 주기로 새 모델이 출시되므로, 최신 스마트폰을 고집하기보다 최소 몇 개월이 지난 모델을 선택하는 것이 가성비가 좋다.

알뜰폰 요금제 vs. 통신3사 요금제

알뜰폰은 이동통신망을 가지지 못한 사업자가 3사 통신사로부터 망을 빌려 저렴한 가격에 서비스하는 것을 말한다. 현재 사용 중인 단말기 그대로, 번호 변경 없이, 통신3사와 같은 통화 품질을 이용하면서 요금은 최대 60% 저렴하다.

그러나 알뜰폰이 누구에게나 득이 되는 것은 아니다. 자신의 휴대폰 이용패턴에 따라 유리할 수도, 불리할 수도 있다. 기존 통신사에서 '무제한 데이터+음성통화'를 이용해온 사람은 알뜰폰으로 바꿔도 요금이 20% 저렴한 수준에 불과하다. 따라서 개통한 지 2년이 지났다면 기존 통신사에 잔류해 요금할인(25%)과 멤버십 포인트 혜택을 누리는 것이 나을 수 있다.

반면 평소 통화량과 데이터 사용량이 적거나, 둘 중 하나만 집중적으로 사용하는 이용자라면 기본요금제가 저렴한 알뜰폰을 선택하는 편이 낫다. 통신3사의 요금제는 통화량이 많든 적든 부담하는 기본료가 높지만, 알뜰폰은 상대적으로 기본료가 낮고 일부 요금제는 기본료가 없다. 매달 원하는 만큼 미리 충전하는 선불요금제를 사용하는 것도 도움이 된다.

<무약정 LTE 유심요금제 기준 국민통신요금제>

구분	요금제명	월 기본료 (부가세 포함)	프로모션 할인 (부가세 포함)	음성(분)	문자(건)	데이터
국민통신 요금제 ①	실용 USIM 1.9	19,800원	8,800원	200	200	1.5GB
국민통신 요금제 ②	실용 USIM 1.7	17,490원	5,390원	100	100	1GB
국민통신 요금제 ③	실용 USIM 10GB	27,500원	20,900원	100	100	10GB
국민통신 요금제 ④	M 데이터 선택 USIM 10GB	49,280원	36,080원	유무선 기본제공 (영상/부가통화 200분)	기본제공	10GB (+일 2GB) (3Mbps 속도 기본제공)
국민통신 요금제 ⑤	실용 맘껏 4.5G	47,500원	22,200원	유무선 기본제공 (영상/부가통화 30분)	기본제공	4.5GB
국민통신 요금제 ⑥	실용 보편 요금제	19,900원	14,400원	200	기본제공	1GB
국민통신 요금제 ⑦	LTE 실용 15GB+	47,300원	27,500원	100 (망내 1회선 지정 기본제공)	100	15GB(3Mbps 속도 기본제공)
국민통신 요금제 ⑧	실용 USIM 6GB	25,300원	17,600원	100	100	6GB

* 출처: Kt M mobile 홈페이지

가족결합 상품

가족 구성원끼리 통신사를 한곳으로 통일하는 것도 할인을 극대화시키는 방법이다. 통신3사는 스마트폰, 인터넷 등 2회선 이상 결합하는 고객에게 1인 최대 4만 9,500원을 할인해준다. 통신사마다 가족

결합 상품이 나와 있는데, 인터넷 종류와 요금제에 따라 차이가 있으니 자세히 따져보고 선택하자.

통신사 포인트 100% 활용하기

통신3사가 매년 고객에게 제공하는 포인트는 8천억 원이다. 이 중 60%가 넘는 5천억 원이 다 쓰지 못한 채 소멸된다. 고객 1인당 적게는 3만~4만 점, 많게는 20만 점에 달하는 통신사 포인트를 제공받지만, 10명 중 6명은 포인트를 다 쓰지 못하고 버리는 셈이다. 그러나 포인트는 '제3의 화폐'로 불릴 만큼 경제적 가치가 있는 결제 수단이다. 1포인트당 1원의 가치가 있으므로, 한 달에 5천 포인트만 제대로 사용해도 1년이면 6만 원의 혜택을 본다. 포인트가 매월 부담하는 요금에 포함되어 있다고 생각하면 쓰지 않은 금액을 내는 것과 같다.

과거에는 포인트 제휴처가 부족해 쓰고 싶어도 쓸 수 없는 경우가 많았지만, 최근에는 편의점·카페·베이커리·대중교통·음식점·쇼핑몰·여행 등 다양한 생활밀착형 제휴처에서 5~30% 할인 혜택을 받을 수 있다. VIP 등급이라면 매달 무료로 커피를 마시거나 영화를 관람할 수 있다.

<표>통신3사 주요 포인트 혜택<표>

	SKT	KT	LGU+
VIP 전용 혜택	• CGV, 메가박스, 롯데 시네마 영화 무료 관람(연 6회) • 무료 세차(연 4회) • 엔진오일 50% 할인 • 미스터피자, 도미노피자, 파파존스 30% 할인	**VVIP** • CGV, 롯데시네마, 메가박스 영화 무료 관람 • 뚜레쥬르 케이크 무료 • 아웃백 3만 원 할인 • 서울랜드 2인 무료 입장 • 인천공항 라운지 무료 입장 **VIP** • CGV, 롯데시네마, 메가박스 영화 무료 관람 (포인트 차감) • 대림미술관, 디뮤지엄 2인 입장 • 스타벅스 아메리카노 무료 • 이마트 5천 원 할인	원하는 카테고리 1개만 선택해 월 1회 할인 • 영화: CGV, 롯데시네마, 메가박스 무료관람(월 1회) • 푸드: 앤제리너스, 할리스 커피 1잔 무료 • 교통·레저: 티머니 3천 원, 롯데월드 50% 등 • 쇼핑: SSG닷컴 4천 원(3만 원 이상 구매), GS수퍼마켓 1만 원(5만 원 이상 구매)
베이커리 & 카페	• 파리바게뜨, 파리크라상 5~10% 할인 • 뚜레쥬르 5~15% 할인 • 공차 10~15% 할인 • 앤제리너스 15~20% 할인 • 카페드롭탑 15% 할인 • 코코브루니 10% 할인	• 스타벅스 사이즈업 • 카페베네 10% 할인 • 베스킨라빈스 파인트 40% 할인 • 파리바게뜨, 파리크라상 뚜레쥬르 1천 원당 100~200원 할인	• 파리크라상, 뚜레쥬르, 파리바게트, 비엔나커피하우스 1천 원당 100원 할인 • 할리스, 드롭탑 사이즈업 무료

	SKT	KT	LGU+
편의점 & 외식	• CU, 미니스톱, 세븐일레븐, 롯데리아 5~10% 할인 • 도미노피자 20% 할인	• 이마트24, GS25 5% 할인 • 아웃백, 미스터피자, 도미노피자, 피자헛 15% 할인 • 매드포갈릭 20% 할인 • 빕스 5~15% 할인	• GS25 5~10% 할인
금융통신 & 교육	• 현대카드 통신요금 월 1만 원 청구할인	• 단말기 5% 할인 • A/S 수리비 20% 할인	
문화 & 여행	• 메가박스, 씨네Q 1매당 2천 원 할인 • 티웨이항공 최대 1만 원 쿠폰	• CGV 최대 8천 원 할인 • 롯데시네마 최대 7천 원 할인 • 에버랜드, 캐리비안베이 30% 할인 • 롯데월드, 서울랜드 40% 할인 • 대림미술관, 디뮤지엄 20% 할인	• LG트윈스 경기 2천 원 할인 • 원스토어 10% 할인 • 서울랜드 40% 할인 (동반 1인 30% 할인) • 한화아쿠아플라넷, 63아트 전망대 15% 할인 • 부산아쿠아리움, 지니뮤직, 캐리비안베이 30% 할인 • 뽀로로 아쿠아빌리지, 설악워터피아 35% 할인 • 롯데월드 아이스링크 본인 포함 입장권 50% 할인
쇼핑 & 뷰티	• 11번가 11% 할인 • 이마트 3.5~8.5% 할인 • ABC마트 5% 추가 할인 • 롯데면세점 10~15%, 신라면세점 0.5~2% 추가 할인	• 이마트 2천 원 할인	• 더페이스샵, 네이처컬렉션 15% 할인

단말기 할부이자 5.9% 아끼기

휴대폰을 개통할 때 이용자 대부분이 단말기 할부를 이용한다. 한 대당 80만~100만 원을 웃도는 기계값이 부담스러워서다. 그러나 단말기 할부금에 5.9%의 할부이자가 숨어 있다는 사실은 잘 모른다.

통신3사가 한 해 단말기 할부이자로 걷어 들이는 돈은 5천억~7천억 원에 달한다. SKT와 LGU+는 잔여 할부원금에 대해 5.9%, KT는 6.1%의 이자를 부과한다. 출고가가 100만 원인 아이폰을 24개월 할부로 구매한다고 가정하면, 2년간 부담해야 할 이자는 약 6만 원이다. 따라서 휴대폰을 개통할 때는 가급적 일시불로 결제하고, 할부를 이용해야 한다면 여유자금이 생길 때마다 선납제도를 활용해 이자 부담을 줄이는 것이 좋다.

통신비 할인되는 신용카드 활용하기

주요 신용카드사들은 통신요금을 자동 결제하는 고객을 대상으로 요금의 5~10%를 할인해준다. 통신비 혜택을 위해 카드를 새로 발급받을 필요는 없지만, 현재 사용 중인 신용카드가 있다면 이 같은 혜택이 있는지 확인해볼 필요는 있다.

전기세·난방비
걱정 없이 사는 법

매년 여름과 겨울은 어느 집이나 전기와 도시가스 사용량이 늘어나 관리비 폭탄을 맞는 시기다. 산업통상자원부에 따르면 4인 가구당 월평균 전기요금은 5만 5,080원, 도시가스 요금은 3만 5,757원이다. 그러나 한여름에는 전기 사용량이 평소보다 1.4배가량 증가하고, 겨울철에는 보일러와 각종 전열기구를 가동함으로써 난방비 부담이 배가된다.

게다가 우리나라는 한 가구당 평균 18.7대의 가전제품을 보유할 만큼 전력사용량이 많은 편이다. 비용을 절감하기 위해서는 전자제품 사용량을 줄이는 것이 우선이지만, 평소 올바른 에너지 사용 습관을 들이고 정부의 에너지 지원 혜택을 꼼꼼히 확인하는 것도 도움이 된다. 비록 획기적으로 비용이 줄어들지는 않더라도 큰 부담은 줄일 수 있으니 소소한 방법이라도 눈여겨보자.

생활 속 에너지 절약, 이렇게 하면 된다

에너지바우처 활용하기

에너지바우처 제도란 에너지 취약계층이 전기·도시가스·지역난방·등유·연탄·LPG 등을 구입할 수 있도록 정부가 카드 형태의 바우처(이용권)를 지급하는 제도다. 저소득층이나 취약계층 가운데 임신부, 영유아(만 6세 이하), 노인(만 65세 이상), 장애인이 세대원으로 있는 가구에 지급한다.

바우처는 동절기인 12~4월에 사용할 수 있다. 지원비용은 1인 가구 8만 3천 원, 2인 가구 10만 4천 원, 3인 가구 11만 6천 원이다. 신청기간은 매년 11월부터 다음해 1월 말까지며, 거주지 주민센터나 읍·면사무소에서 신청할 수 있다.

가정용 미니태양광 발전소 설치하기

전력사용량을 줄이는 대안으로 가정에 태양광 미니발전소를 설치하는 방법도 있다. 가로 세로 길이가 각각 1m 내외인 태양광 미니 패널을 지붕이나 베란다에 설치하면, 시간당 250~260W의 전력이 생산되어 월 1만 원가량 절감된다. 패널을 분리하는 과정이 간편해 이사가 잦은 전월세 가구도 손쉽게 이전 설치가 가능하다.

초기 설치비용은 약 70만 원이지만, 지자체 보조금이 50만~56만 원에 달해 실제 부담하는 설치비용은 14만~20만 원 수준이다(서울시 기준). 미니 패널을 설치하는 가구는 그렇지 않은 가구보다 매달 1만 원가량의 전기요금이 절약되므로, 설치 후 1년 6개월(18만 원)이면 투자비용을 회수하는 셈이다. 지자체 보조금의 경우에는 매년 11월 말까지 120다산콜센터에 선착순으로 접수할 수 있다.

에코마일리지 & 탄소포인트제 신청하기

서울 지역 거주자라면 에코마일리지를, 서울 외 지역 거주자라면 탄소포인트 제도를 신청한다. 가정에서 전기·수도·도시가스(지역난방 포함) 사용량을 최근 6개월간 월평균 사용량보다 5% 이상 감축하면 연 최대 10만 마일리지를 준다.

적립된 마일리지는 상품권 교환, 아파트 관리비 및 통신요금 납부, 지방세 납부, 친환경 제품 교환 등에 활용할 수 있다(PART 1 '줄줄 새는 아파트 관리비 1/3 줄이기' 참조).

이메일 고지서, 자동이체 할인받기

전기요금을 종이고지서 대신 이메일·스마트폰 고지서로 받으면 1% 할인(최대 1천 원)을 받을 수 있다. 한국전력공사 사이버지점 홈페이지(cyber.kepco.co.kr)에 접속한 다음 '자동이체 신청'을 클릭한 후 고객번호를 입력하면 된다.

월 전력사용량 200kWh 초과하지 않기

2017년부터 전기요금 누진제 구간이 6단계에서 3단계로 완화되고, 최저구간과 최고구간의 요금 차이가 11.7배에서 3배로 줄었다. 누진제 혜택을 누리려면 월 전력사용량이 200kWh(1단계 구간)를 넘지 않아야 유리하다. 요금이 1kWh당 93.3원으로 가장 저렴한 데다, 200kWh 이하로 사용하면 월 4천 원을 추가 할인해주기 때문이다(필수사용량 보장공제). 또한 2019년 7월부터 하계(7~8월) 누진구간이 확대되어 기존보다 전기세를 6~26% 아낄 수 있다. 월 전력사용량이 작년·재작년 같은 달보다 20% 이상 줄어든 경우에는 요금을 추가로 10% 할인해주고, 여름과 겨울에는 최대 15%까지 할인해준다(주택용 절전할인 제도). 이 같은 할인은 고지서에 자동 반영된다.

반면 여름(7~8월)과 겨울(12~2월) 시즌 1천kWh 초과 사용자에게는 '슈퍼유저제도'를 도입해 1kWh당 가장 비싼 709.5원을 적용한다. 만

<전력사용량별 주택용 전기요금>

하계(7~8월)	기타 계절	기본요금(원/호)	전력량 요금(원/kWh)
300kWh 이하	200kWh 이하	910	93.3
301~450kWh	201~400kWh	1,600	187.9
450kWh 초과	400kWh 초과	7,300	280.6

* 출처: 산업통상자원부(저압 기준)

약 두 가구가 8월에 각각 200kWh, 1,200kWh를 사용했다면 전력사용량은 6배 차이지만, 실제 부담하는 전기요금은 각각 1만 7,690원, 42만 원으로 20배가 넘는다.

희망검침일을 매월 초·말일로 설정하기

한국전력은 전국 아파트를 대상으로 전기요금 검침일을 선택할 수 있도록 하는 '희망검침일제도'를 운영하고 있다. 아파트 단지별로 희망검침일을 선택할 수 있는데, 대개 입주자대표회의 등 의사결정기구를 통해 날짜가 지정된다. 검침일은 '1차(1~5일), 2차(8~12일), 3차(15~17일), 4차(18~19일), 5차(22~24일), 6차(25~26일), 7차(말일)' 중에서 고를 수 있다. 검침일은 본인의 전기 사용패턴을 고려해 선택하는 것이 중요하나, 전력사용량이 몰리는 7월 중순~8월 중순의 요금폭탄을 피하려면 매월 초 또는 말일이 낫다.

전력소비가 큰 전자기기 파악하기

전력소비량이 큰 전자제품을 중심으로 사용량을 줄이거나, 쓰지 않을 때 전원을 차단하는 습관을 들여야 한다. 전력소비량은 '셋톱박스(12.3W)〉인터넷모뎀(5.95W)〉에어컨·보일러(5.81W)〉전기밥솥(3.47W)〉컴퓨터(2.62W)〉비데(2.62W)〉전자레인지(2.19W)' 순이다. 특히 셋톱박스는 전력소비량이 TV의 10배에 달하기 때문에 사용하지 않을 때는 전원을 차단해 대기전력 낭비를 막아야 하며, 스마트폰이나 태블릿PC 등 IT 기기를 충전한 이후에도 반드시 플러그를 뽑는다.

세탁기에 빨랫감 가득 채워 찬물로 돌리기

흔히 세탁기에 세탁물을 가득 채워서 돌리면 전력소비량이 많을 것이라고 생각하지만 이는 잘못된 상식이다. 세탁기의 전력 소모는 세탁물의 양이 아니라 빨래를 돌리는 횟수와 연관이 있다. 오히려 소량의 빨랫감을 자주 세탁하는 것보다 빨랫감을 한꺼번에 모아 한 번만 세탁하는 것이 전기를 아끼는 방법이다. 또한 세탁기 가동 시 전력의 90%는 물을 데우는 데 소모되므로 가급적이면 찬물로 세탁한다.

냉장고 공간 30% 비워두기

냉장고에 음식물을 가득 채우면 냉기 순환이 되지 않아 더 많은 전기를 쓰게 된다. 따라서 냉장실은 공간의 70%, 냉동실은 80%를 넘지 않도록 한다. 온도는 냉장고 3~4℃, 냉동실 -15~-18℃를 유지한다. 온도를 1℃만 올려도 전력소비량을 5% 줄일 수 있다. 냉장고 주변의 발열체는 소비전력을 상승시키기 때문에 멀리 떨어뜨려놓고, 냉장고 문을 자주 여닫는 것도 피한다.

에어컨은 짧은 시간 강풍으로 켜기

에어컨은 처음 가동할 때 많은 전기를 소모해서 풍량을 약하게 설정하는 경우가 많은데 이는 잘못된 방법이다. 에어컨을 강풍으로 설정해 최대한 빨리 주변 온도를 낮춘 뒤, 희망온도가 되면 풍량을 약하게 하고 선풍기를 함께 트는 것이 더 시원하고 전기요금도 저렴하다. 에어컨 필터 청소를 월 1~2회 하면 에너지 효율을 높일 수 있다.

에너지효율 1등급 제품 사용하기

가전제품은 에너지효율 등급이 높을수록 전기 소모량이 적다. 기능과 성능이 같은 가전제품이라도 에너지효율 등급에 따라 가격이 다른 이유다. 에너지효율 1등급 제품과 5등급 제품의 전력소비량 차이는 평균 30~40%에 달하기 때문에 되도록 1~2등급 제품을 구매하는 것이 좋다. 겨울철에 난방비를 아끼고자 보일러를 트는 대신에 히터·전기장판 등 전열기구를 난방보조기구로 이용하는 경우가 많은데, 저렴하다는 이유로 에너지효율 4~5등급 제품을 사용하면 배보다 배꼽이 더 큰 상황이 연출될 수 있다. 등급이 같다면 전력소비가 낮게 명시된 제품으로 고른다. 한전 홈페이지에서 '요금계산·비교' 서비스를 이용하면 전기요금을 미리 확인할 수 있다. 제품 종류와 소비전력, 평균 사용시간, 월간 사용량 등을 입력하면 전기요금이 자동 계산된다.

셀프난방으로 난방비 30% 줄이기

뽁뽁이·문풍지 등 단열재 설치하기

겨울철 열손실의 가장 큰 주범은 창문이다. 창문에서만 30%의 열을 빼앗긴다. 뽁뽁이·문풍지·폴리카보네이트 등을 활용해 창문과 벽을 통해 스며드는 추운 바람을 막으면 실내 온도를 2~3℃가량 높일 수 있다. 온도 1℃를 높이는 데 쓰이는 에너지는 5%이므로, 온도가 3℃ 이상 올라가면 에너지의 15%가 절감된다. 바닥에 카펫을 깔고 창문에 커튼을 설치하면 이중으로 냉기가 차단되므로 더욱 효과적이다.

보일러는 끄지 않고 외출모드로 설정하기

외출할 때는 보일러를 끄는 것보다 외출모드로 설정하거나 20℃ 이하로 줄여놓는 게 효율적이다. 보일러를 장시간 끈 상태에서 갑자기 가동하면, 그 사이 내려간 난방수 온도를 끌어올리기 위해 한꺼번에 많은 에너지가 소모되기 때문이다.

수도꼭지 방향은 냉수로 해두기

물을 쓰지 않을 때 수도꼭지 방향은 냉수로 돌려놓는다. 온수로 되어 있으면 따뜻한 온도를 유지하기 위해 보일러가 약하게 작동하기 때문이다. 난방수 온도는 50℃ 이내로 설정한다. 너무 낮게 설정해두면 차가운 물을 갑자기 온탕으로 만들기 위해 더 많은 에너지가 쓰인다.

안 쓰는 공간의 밸브는 잠그기

보일러 배관은 온 집안을 연결하기 때문에 창고·서재·옷방 등 장시간 사용하지 않는 공간에도 난방이 가동된다. 따라서 겨울에는 사용하지 않는 방의 보일러 배관을 잠그는 것이 좋다. 보일러가 가열시키는 난방수 유량과 면적이 줄면서 난방비 절감 효과를 볼 수 있다.

단, 분배기의 방 밸브는 최소한으로 열어두고, 강추위에는 동파 방지를 위해 모든 방의 밸브를 열어 난방수를 순환시켜야 한다.

내복과 수면잠옷으로 체감온도를 높이기

겨울철 적정 실내 온도는 18~20℃, 습도는 50%다. 실내가 춥다면 온도를 올리는 대신, 내복·수면잠옷·덧신·카디건 등을 입어 체감온도를 올리자. 체감온도가 2~3℃ 높아지면 난방비를 10% 이상 절약할 수 있다. 온수매트나 전기장판을 이용할 때도 수면잠옷을 입으면 온도를 높이지 않아도 되므로 이중으로 난방비가 절감된다.

전기장판·온수매트는 낮은 온도로 오래 유지하기

겨울철 보조난방 필수품인 전기장판과 온수매트는 사용할 때마다 껐다 켜는 것보다, 낮은 온도로 오래 트는 게 전기료 절감에 도움이 된다. 외출하고 돌아와 단시간에 매트 온도를 높이면 화재 위험이 있을 뿐 아니라 갑작스러운 에너지 사용량 증가로 전기료 폭탄을 부르는 요인이 된다.

실내 습도를 높이기

건조하고 외풍이 심한 아파트는 보일러를 가동할 때 가습기로 습도를 높여주면 공기 순환이 원활해져 실내 온도가 빨리 상승한다. 공기 중의 작은 물방울이 오랫동안 열을 간직해 에너지 소비량을 줄이는 동시에 건조함도 날린다. 가습기 대신 물을 끓이는 것도 좋다.

우리 집 반려동물
돌봄비용 아끼는 법

반려동물 인구가 1,500만 명에 이르는 시대다. 1인 가구 증가와 반려동물에 대한 인식 변화로 지난해 기준 전체 가구의 30%가 반려동물을 키우고 있다. 나 역시 10년간 키워온 치와와가 가족 이상의 존재가 되었다. 가족과 다름없는 반려동물에게 좋은 것을 먹이고 입히고 아플 때마다 좋은 치료를 받게 해주고 싶은 마음은 누구나 같을 것이다.

그러나 반려동물의 나이가 들어갈수록 돌봄비용이 부담스러운 것이 현실이다. 동물병원에 갔다가 비싼 병원비 때문에 식겁한 경험이 한두 번이 아니다. 여행이나 출장 때마다 이용하는 고가의 애견호텔, 사람의 물건보다 훨씬 비싼 애견용품은 또 어떤가. 물론 방법은 있다. 반려인들이 의외로 놓치고 있는 돌봄비용 절약하는 방법에 대해 소개한다.

예방접종 비용 줄이는 방법

연 2회 광견병 무료 접종

반려동물을 키우는 사람들이 가장 먼저 챙겨야 할 혜택은 광견병 무료 접종이다. 서울시를 비롯한 대부분의 시·도에서 매년 2회 광견병 예방접종을 지원한다. 관내에 등록되어 있는 생후 3개월 이상의 모든 개와 고양이가 대상이며, 지원기간은 보통 2주 내외다. 평소 동물병원에서 광견병 백신을 맞으려면 2만~2만 5천 원이 들지만 지자체의 지원을 받으면 백신값은 무료이고 접종비용 5천 원만 부담하면 된다(동물등록 필수). 서울시의 경우 매년 4~5월, 9~10월 중 실시하지만, 시마다 지원시기가 다르기 때문에 미리 확인해야 한다.

예방약 투여는 집에서

예방용 약이나 간단한 구충제 투여는 동물병원 대신 동물약국을 활용하는 것도 방법이다. 동물병원은 보험 적용이 불가해 치료비가 비싸고, 지역이나 병원 규모에 따라 진료비나 약제비가 천차만별이다. 특히 예방접종 비용은 전국 지방 광역시별로 최대 8배까지 차이가 난다.

물론 의사의 진료나 처방이 필요한 경우에는 반드시 동물병원을 이용해야 하지만 약을 먹이거나 연고 등을 바르는 수준의 투약 행위, 수의사 처방 대상이 아닌 예방 목적의 동물약품 투약 행위, 수의사의 진료 후 처방과 지도에 따라 행하는 투약행위 등은 가정에서도 가능하다.

일례로, 경구용 심장사상충 약은 병원에 가면 1회에 1만 5천 원 내외지만 직접 구매하면 6개월치를 2만~3만 원 정도에 살 수 있다. 단, 모든 약국에서 동물 의약품을 판매하는 것은 아니다. 대한동물약국 협회 홈페이지(anipharm.net)에서 우리 동네 동물약국을 검색한 뒤 찾아가면 된다.

해외직구 활용하기

같은 제품인데도 이상하게 국내에만 들어오면 가격이 급등하는 반려동물 보조제품이 많다. 이럴 땐 클릭 한 번으로 세계 어디로든 배송이 가능한 해외직구를 활용하자. 관절영양제, 소화제, 연고 등 약사의 처방 없이도 바로 구매할 수 있는 제품이 많을 뿐 아니라 국내보다 저렴하다. 대표적인 펫 해외직구 쇼핑몰로 펫버킷, 아이허브, 아마존 등이 있다. 일부 쇼핑몰은 20달러 이상 구매 시 전 세계 어디든 무료 배송이 가능하고, 주소지를 한국어로 입력해도 배송이 가능해 직구가 한결 수월해졌다. 단, 배송기간이 보통 1~2주 정도 걸린다는 점은 감안해야 한다.

애견호텔 대신 펫시터

여행이나 출장 등으로 반려동물 돌봄서비스가 필요할 때는 비싼 애견호텔 대신 전문지식을 갖춘 펫시터에 맡기는 것도 대안이 될 수 있다. 동물병원 애견호텔은 케어 비용이 하루 3만~5만 원에 달하지만, 펫시터 비용은 중소형견 기준 하루 2만 원 내외로 돌봄이 가능하다. 비용을 아끼는 것 외에도 돌봄 기간 동안 반려동물이 케이지 안에 갇혀 있지 않아도 되고, 산책이나 목욕 등 별도의 케어가 가능하다는 장점이 있다.

돌봄비용에 픽업비용을 추가하면 직접 반려동물을 데리러 오고 케어 후 집까지 데려다준다. 매일 반려동물의 활동 사진 또는 동영상도 보내준다. 펫시터 전문 홈페이지 또는 반려동물 온라인 카페에서 후기가 좋은 펫시터를 골라 신청하면 된다.

PART 2에서는 경제적 자립을 꿈꾸는 이들에게 필요한 확실한 보상과 현명한 소비 노하우에 대해 다룬다. 돈 들이지 않고 문화생활을 즐기고, 알뜰하게 쇼핑하며, 가성비 높은 여행으로 즐거움을 2배로 키우는 방법들이다.

PART 2

즐겁게
쓰면서도
알차게
돈 모으는 법

소비는 현명하게, 보상은 확실하게

처음 돈을 모으기로 마음먹고 목표를 세웠을 때 스스로에게 약속한 한 가지가 있다. 바로 '1년에 한 번 이상은 해외여행 가기'다. 돈을 철저히 내 행복의 수단으로 삼겠다는 의지였다. 내가 재테크를 시작한 이유는 단순히 1억 원, 10억 원을 모으고 싶어서가 아니라 '내가 원할 때, 내가 원하는 일을, 돈 걱정 없이 할 수 있는 삶'을 갈망했기 때문이다. 우리 부부의 꿈은 세계일주고, 이 꿈을 이루려면 건강한 신체와 많은 돈이 필요하다. 그래서 나는 오늘도 돈을 모으고 불린다.

다음은 몇몇 지인들과 나 사이에서 오가는 대화다.

"그렇게 알뜰살뜰 모은 돈을 아깝게 여행으로 다 쓰는 거 아니야?"

"쓸데없는 곳에 안 쓰고 그 돈 모아서 여행 가는 거야. 내가 좋아하는 곳에 더 집중하는 거지."

"그래도 그 돈 아끼면 더 많이 모을 수 있잖아."

"돈은 더 모을 수 있겠지. 그런데 행복하지 않을 것 같아. 돈을 모으려는 의지도 약해질 테고."

재테크는 장기전이다. 얼마나 빠르게 목표한 금액을 달성하느냐보다는, 얼마나 꾸준하게 자산을 지키고 불려나가느냐가 관건이다. 그래서 매 시기 적절한 보상이 따라야 한다. '조금만 더 참자.'라는 생각으로 스스로에게 계속된 희생과 인내를 강요하면, 제풀에 지쳐 포기하거나 재테크에 흥미를 잃고 만다. 특히 나처럼 매번 비슷하고 반복된 일상에 지루함을 느끼는 사람들은 중간중간 기분 좋은 자극이 필요하다.

나는 가끔씩 돈을 모으고자 아등바등 사는 내 모습이 초라하게 느껴질 때, 곧 눈앞에 펼쳐질 뜨거운 모래사장과 에메랄드빛 해변을 상상하곤 한다. 해먹에 잠시 몸을 누이고 여유로운 단잠에 빠져 있는 내 모습은 기분 좋은 자극제 그 이상이다. 다시 마음을 다잡고 목표를 향해 나아갈 수 있도록 해준다.

나에게 최고의 보상은 여행이지만 사람마다 추구하는 보상은 각각 다르다. 어떤 이에게는 운동, 요리, 악기 연주 등 소소한 취미생활이 보상이 될 수 있고, 어떤 이에게는 근사한 호텔에서 셰프의 요리를 맛보는 일이 될 수도 있다.

우리 부서에 근무하는 한 팀장님은 자동차를 워낙 좋아해 주말마다 자동차를 분해하거나 튜닝하는 일을 즐긴다. 그의 꿈은 멋진 스포츠카를 사서 드라이브를 즐기는 것이지만, 두 아이를 키우는 외벌이 가장으로서 당장 자동차에 큰 욕심을 부릴 수 없다는 것을 안다. 그래서 그는 한정된 용돈 안에서 자신에게 보상하는 방법으로 탄 지 10년이 된 자동차의 자가정비를 택했다. 그러면서도 언젠가 이룰 그 꿈을 위해 저축·주식·크라우드펀딩 등 다양한 곳에 투자하며 자산을 불리는 데 열심이다. 이처럼 보상은 사람마다 그 방법은 달라도 목표 달성을 앞당겨주는 강력한 동기임은 틀림없다.

스스로에게 보상을 주기로 했다면, 최대한 가성비를 높일 수 있는 방법을 함께 찾아야 한다. 같은 여행이라도 각종 할인방법을 동원해 비용을 최대한 줄이는 것과, 아무 준비 없이 떠나는 것은 엄연히 다르다.

나는 여행을 계획할 때마다 한 번 여행할 비용으로 두 번 여행한다는 목표를 세우고, 줄일 수 있는 부분을 과감히 줄이는 데 주력한다. 가장 공들이는 부분은 항공권이다. 여행경비에서 가장 큰 부분을 차지하는 항공권 비용만 절반으로 줄여도 많게는 수십만 원이 절감되기 때문이다. 그래서 일본·동남아 등 비교적 가까운 지역을 방문할 때는 반드시 저가항공사의 할인특가 기간을 이용한다. 환전은 당일 기준으로 수수료율이 가장 저렴한 곳에서 모바일로 환전하고, 경비의 일부는 외화동전으로 바꿔 간다. 데이터는 현지 유심(USIM) 또는 포켓와이파이를 쓰고, 여행자보험은 모바일 다이렉트로 가입한다. 대신 현지에서 먹고 쓰고자는 비용을 여유 있게 책정해 여행을 통해 경험할 수 있는 모든 것에 투자한다.

누구나 돈을 빠르게 모으고 싶어 한다. 그래서 '나를 위한 돈 쓰기'에 주저한다. 자신에게 주는 보상을 생략함으로써 경제적 목표에 더 빨리 도달할 수 있다고 믿기 때문이다. 그러나 돈도 써본 사람이 제대로 모으고, 여행도 가본 사람이 더 알차게 즐긴다. 재테크는 경제적 자유를 위해 우리와 평생을 함께할 동반자이자 조력자다. 때때로 스스로를 화끈한 보상으로 어르고 달래며 지치지 않도록 아껴줘야 한다.

PART 2에서는 경제적 자립을 꿈꾸는 이들에게 필요한 확실한 보상과 현명한 소비 노하우에 대해 다룬다. 돈 들이지 않고 문화생활을 즐기고, 알뜰하게 쇼핑하며, 가성비 높은 여행으로 즐거움을 2배로 키우는 방법들이다. 한 번뿐인 인생을 즐기며 살고 싶은 '욜로(YOLO ; You Only Live Once) 라이프'의 욕망이 스멀스멀 올라올 때, 삶과 돈 사이에서 적절한 균형이 필요할 때, 즐거운 보상을 줌으로써 재테크의 원동력을 얻길 바란다.

여행경비를 줄여주는
반값 항공권 예매 스킬

　최근 몇 년간 저가항공사들의 특가 프로모션이 활발해지면서 저렴한 비용으로 해외여행을 떠날 수 있는 기회가 많아졌다. 마음만 먹으면 단돈 9,900원에 제주행 비행기를 타고, 7만 원으로 이웃나라들을 여행할 수 있는 시대다. 여행경비의 큰 부분을 차지하는 항공권을 얼마나 저렴하게 사느냐에 따라 한 번 갈 비용으로 여행을 두 번 가기도 한다.

　그러나 초특가 항공권은 비행기 한 대당 전체 좌석수의 10% 이내에 불과해 예매 경쟁률이 높다. 매번 이벤트가 시작될 때마다 티켓 구경은커녕, 수만 명의 대기자에 치여 접속조차 안 되는 이유가 여기에 있다. 하지만 치열한 경쟁 속에서도 누군가는 예매에 성공하고,

2~3배는 저렴한 비용으로 항공서비스를 이용한다. 단순히 운이 좋아서가 아니다. 이들에게는 나름대로의 예매 규칙과 노하우가 있다.

매번 프로모션 앞에서 좌절하는 당신을 위해, 항공권 고수들이 공통적으로 강조하는 예매 스킬 몇 가지를 공유하고자 한다.

특가항공권 예매, 한 번에 성공하는 비법

항공사 홈페이지에 미리 로그인하기

특가항공권이 오픈하기 전 항공사 홈페이지 또는 앱에 접속해 회원가입을 하고, 결제에 필요한 카드정보를 사전에 등록해두는 것이 좋다. 이벤트가 시작되면 홈페이지에 수만 명의 이용자가 몰려 접속이 원활하지 않기 때문이다. 운 좋게 항공권을 발견했다 하더라도 로그아웃 상태라면 로그인 과정을 거쳐야 하고, 결제 단계까지 갔다 하더라도 카드정보를 등록하다가 접속장애가 생길 수 있다. 한 아이디로 모바일과 홈페이지 동시 접속이 가능하므로, 미리 로그인을 끝내놓자.

단, 로그인 후 날짜와 여행지를 미리 세팅하고 대기하는 것은 피하도록 하자. 일부 항공사의 경우 날짜와 여행지를 미리 설정해둔 상태에서, 이벤트 오픈과 동시에 예매하면 특가항공권이 뜨지 않는 경우가 있기 때문이다.

예매에 유리한 여행지와 날짜를 공략하기

내가 가고 싶은 여행지를 고집하는 것보다, 특가항공권으로 당장 예매 가능한 여행지를 공략하는 편이 예매 성공확률을 높인다. 이벤트 오픈 전, 가고 싶은 여행지와 날짜를 미리 정하되, 여러 변수를 고려해 2순위, 3순위 여행지와 날짜를 함께 정해두자. 1순위 항공권이 매진되더라도 일정을 체크하느라 허둥대지 않고 곧바로 2순위, 3순위 항공권을 예매할 수 있다.

비행 노선은 경쟁이 치열한 '휴양지 - 인기 노선 - 비인기 노선' 순으로 검색하고, 요일은 직장인 연차 수요가 적은 화요일~목요일 출발하는 항공권을 노린다. 당일치기 여행이 가능한 국내선의 경우 '출발하는 날 오후 2시 이후, 돌아오는 날 오후 2시 이전'으로 설정하고, 제주도는 '금요일 출발, 일요일 도착'을 피해서 설정하면 요금이 저렴해진다.

단, 항공권을 검색하는 과정에서 접속이 원활하지 않다는 이유로 '취소'와 '뒤로가기'를 반복하면 자칫 첫 화면으로 돌아갈 수 있으므로 피한다.

밤 12시 전후에 취소항공권 노리기

아쉽게 특가항공권을 놓쳤다면 프로모션 오픈 당일 자정 12시 전후로 쏟아지는 취소항공권을 공략하자. 특가항공권은 원래 취소나 환불이 불가하지만, 대부분의 항공사는 결제 당일 자정 12시 안에 취소하는 항공권에 대해 위약금 없이 환불해준다. 따라서 여러 노선의 항공권을 구매한 뒤 일부 티켓을 취소하거나, 스케줄이 맞지 않아 환불 처리된 티켓이 밤 10시부터 새벽 1시 사이에 쏟아져 나온다. 일부 항공사는 프로모션 시작 후 2~3일에 걸쳐 취소된 티켓을 풀기도 한다.

위약금과 유료서비스 제대로 파악하기

특가항공권은 운임이 저렴하지만, 환불과 일정 변경에 제약이 따른다. 특가항공 운임규정을 꼼꼼히 살피지 않으면 각종 위약금과 수수료 폭탄을 맞을 수 있으니 주의가 필요하다.

취소·환불 불가 & 변경 수수료

대부분의 특가항공권은 예매 당일 취소분을 제외하고, 원칙적으로 환불과 취소가 불가하다. 탑승자 이름도 변경할 수 없다. 일정은 변경이 가능하나 편도당 1만~6만 원에 달하는 '변경 수수료'를 물어야 하고, 변경된 날 항공권 요금이 더 비쌀 경우 차액까지 지불해야 한다. 단, 환불 시 항공운임료를 제외한 공항세와 유류할증료 등은 돌려받는다.

유료 위탁수화물

많은 저가항공사들이 특가항공권 티켓에 위탁수화물 요금을 별도로 부과한다. 항공권이 저렴한 대신 위탁수화물 등 부가서비스로 수익을 충당해야 하기 때문이다.

편도당 위탁수화물 비용은 적게는 2만~3만 원, 많게는 최대 8만 원에 달한다. 기내반입용 수화물만 무료다(7~10kg). 따라서 특가 예매 시 무료 위탁수화물이 포함된 운임인지 확인해야 한다. 출국할 때는 가방을 가볍게 하고 입국할 때만 수화물을 추가하거나, 일행 한 명에게 수화물을 몰아주는 것도 방법이다. 위탁수화물은 온라인에서 사전 결제하면 정규요금보다 30~50% 저렴하다(진에어, 티웨이 등 일부 저가항공사는 프로모션에 따라 위탁수화물 서비스가 무료다).

항공 마일리지 적립 불가

특가인 만큼 항공사 마일리지 적립도 불가하다.

예약관리비 부과

외국 저가항공사의 경우 1인당 1만~3만 원대의 예약관리비를 별도로 부과하는 곳들이 있다. 여기에 항공운임료와 유류할증료, 공항세, 위탁수화물 등이 추가되면 특가항공권 운임이 일반 할인항공권 운임과 비슷해진다. 특가운임만 볼 것이 아니라, 최종금액을 반드시 확인한 뒤 예매한다.

특가항공권, 위약금 없이 취소하기

원칙적으로 특가항공권은 예매 당일 취소가 아니라면 취소와 환불이 불가하다. 그러나 1년에 한두 번 항공사들의 스케줄 개편 시기를 활용하면 위약금을 한 푼도 내지 않고 취소가 가능하다. 항공사들은 보통 4월과 10월에 스케줄을 개편하는데, 이때 빈번하게 시간 변경이 일어나고 심할 경우 항공편 자체가 없어지기도 한다.

만약 내가 예매한 항공편이 스케줄 개편을 통해 단 5분이라도 변경되면 환불을 요청할 수 있으며, 특가항공권도 수수료 없이 환불이 가능하다. 어차피 취소해야 할 티켓이라면 무작정 포기하는 것보다, 위약금이 없는 항공사의 스케줄 개편 시기에 맞춰 환불 기회를 노려보자.

여행경비를 벌어주는
해외여행 환전 팁

해외여행에 앞서 꼭 필요한 준비 과정이 환전이다. 귀찮다는 이유로 출국 당일 수수료가 비싼 공항에서 환전했다가는 적게는 몇천 원, 많게는 몇만 원까지 손해를 볼 수 있다. 특히 환율의 변동성이 큰 시기에는 환전정보를 미리 파악해두는 게 좋다. 최근엔 해외 겸용 신용카드 결제가 활발해지면서 이전보다 환전 수요가 줄긴 했지만, 일부 선진국을 제외하면 여전히 카드 결제가 어려운 곳이 많아 현금 환전은 필수다.

가장 좋은 방법은 여행을 떠나기 몇 개월 전부터 환율흐름을 주시하다가 유리한 시점에 환전하는 것, 그리고 환전금액과 거주지역을 고려해 환전수수료가 가장 저렴한 환전소를 선택하는 것이다. 여행 고수가 되기 위한 첫 번째 관문으로 나라별·상황별 환전 노하우를 소개한다.

나라별·상황별 환전 노하우 7가지

지폐 대신 동전으로 환전하기

은행은 외국 동전을 따로 수출입하지 않는다. 그래서 여행객들이 쓰고 남은 동전을 매매 기준율의 50% 가격에 되사고, 해외에 나가는 여행객들에게 이 동전을 매매 기준율의 70% 가격에 되판다. 그래서 지폐로 환전하는 것보다 동전으로 환전하는 것이 30% 저렴하다. 반대로 현지에서 동전을 다 쓰지 못하고 다시 원화로 환전할 경우 매매 기준율이 절반에 불과하므로, 현지에서 다 쓰고 올 수 있는 비용만큼만 동전으로 환전하자. 은행 방문 전에 동전 재고량을 문의해야 한다.

'마이뱅크'로 전국에서 가장 저렴한 환전소 찾기

환율정보 앱인 '마이뱅크'를 이용하면 실시간으로 전국에서 환율이 가장 저렴한 은행과 환전소를 한 번에 비교할 수 있다. 환전하고자 하는 화폐 종류와 거주지역을 설정하면 오늘자 기준으로 환전수수료가 가장 낮은 환전소와 위치, 절약금액이 뜬다.

주거래 은행이 있다면 은행만 따로 설정해서 볼 수도 있다. 유통량이 많은 달러·엔화의 경우 은행권(모바일뱅킹 포함)이 저렴한 반면, 위안화·동남아 화폐 등은 사설환전소가 저렴한 편이다.

은행 모바일 앱으로 환전 예약하기

우리은행 위비뱅크, 국민은행 리브뱅크, 신한은행 써니뱅크 등 은행 모바일 앱을 이용하면 최대 90%까지 환율우대를 받는다. 가까운 지점에 환전 신청을 해두고 기한 내에 환전액을 수령하거나, 사전 예약 후 출국 당일 공항이나 외화 ATM에서 찾으면 된다. 단, 최소 하루 전까지 신청해야 한다. 은행별로 환전금액 상한선이 정해져 있으므로 미리 확인하자.

공항철도 이용객은 서울역 환전센터 이용하기

은행 지점 가운데 가장 저렴한 환전수수료를 매기는 곳이 서울역 환전센터다. 역사 내 우리은행·국민은행·기업은행 등에서 환전 업무를 담당한다. 일반 은행 지점과 달리 오전 6시부터 밤 10시까지 연중무휴로 운영되기 때문에 도심공항 얼리체크인이나 공항철도를 이용하는 여행객들도 들르기 수월하다. 성수기에는 대기시간이 1~2시간인 경우도 있으니 시간을 여유 있게 잡아야 한다.

위안화·홍콩달러 등은 명동 사설환전소 이용하기

위안화·홍콩달러 등을 환전할 때는 은행 대신 명동 '사설환전소'를 이용하는 것도 방법이다. 사설환전소가 어떻게 은행보다 저렴하냐고

반문할 수 있는데, 명동은 중국·일본·동남아 외국인 관광객들의 환전 수요가 높은 곳이다. 그래서 위안화, 홍콩달러, 대만달러, 동남아 화폐 등을 환전할 때 은행보다 수수료율을 낮게 매긴다. 사설환전소는 평일·주말 밤 9시까지 운영하므로 시간 제약도 덜하다.

동남아 화폐는 이중환전하기

환전수수료가 높은 동남아시아 국가 통화의 경우 국내에서 달러로 환전한 다음, 출국 후 현지화폐로 이중환전하는 것이 좋다. 동남아는 달러의 유통량이 적어 우리나라보다 달러의 가치를 더 높게 쳐주기 때문이다. 현지에서 이중환전할 때는 고액화폐의 환전율이 더 높으므로 100달러 위주로 챙겨간다. '100달러〉50달러〉10달러' 순으로 수수료율이 낮다.

해외 카드결제는 현지통화로 설정하기

해외에서 카드결제를 할 땐 현지통화로 결제해야 이중환전이 되지 않는다. 원화로 결제하면 카드수수료 외에도 현지통화를 원화로 바꾸는 과정에서 추가 수수료가 붙기 때문이다. 현지 가맹점에서 물건을 구입할 때 원화 대신 현지통화로 결제해줄 것을 요청하고, 국내에서 해외 호텔 예약사이트를 이용하거나 외항사 비행편을 예약할 때도 현지통화로 설정해 결제하자.

항공 마일리지를 사용해
공짜 항공권으로 여행하기

항공 마일리지는 카드포인트·통신사포인트와 함께 '제3의 화폐'로 불리는 결제 수단이다. 그동안 해외여행을 하며 꼬박꼬박 모은 마일리지로 보너스 항공권은 물론 외식·쇼핑·통신 분야에서 현금처럼 사용할 수 있다. 그러나 소비자의 당연한 권리임에도 불구하고 마일리지 사용법을 모르거나 귀찮다는 이유로 마일리지를 방치하는 사람들이 많다.

업계에 따르면 대한항공과 아시아나항공 고객들이 2008~2014년 사이 쓰지 않은 마일리지는 7,149억 원에 달한다. 항공 마일리지는 회계상 항공사의 부채로 잡히기 때문에 항공사들은 마일리지 유효기간 (10~12년)이 끝나면 자동 소멸시킨다. 대한항공은 2018년 7월부터, 아시아나항공은 같은 해 10월부터 순차적으로 마일리지를 소멸시켰다. 묵혀둔 항공 마일리지가 있다면 소멸시효가 끝나기 전에 사용해야 한다.

그동안 항공 마일리지는 일정 수준 이상 쌓여야만 이용할 수 있었지만, 최근에는 제휴처가 확대되고 결제 가능한 마일리지 한도도 낮아졌다. 심지어 마일리지를 소액으로 나누어 사용하거나, 가까운 지인에게 선물할 수도 있다.

항공 마일리지, 이렇게 활용하라

보너스 항공권으로 교환하기

항공 마일리지의 대표적인 활용법은 보너스 항공권(무료 항공권)이다. 국내선은 왕복 1만 마일리지, 일본 및 중국은 3만 마일리지, 동남아는 4만 마일리지, 유럽 및 미주는 7만 마일리지로 왕복항공권을

<대한항공·아시아나항공 보너스 항공권 마일리지 공제표>

노선	이코노미		비즈니스	
	평수기	성수기	평수기	성수기
국내선	1만	1.5만	1.2만	1.8만
일본·동북아시아	3만	4.5만	4.5만	6.5만
동남아시아	4만	6만	6만~7만	9만~10.5만
서남아시아	5만	7.5만	7.5만~9만	11.25만~13.5만
미주·대양주·유럽	7만	10.5만	10.5만~12.5만	15.75만~18.5만

발권할 수 있다. 단, 현금 및 카드와 병행할 수 없고 마일리지로만 결제해야 한다.

보너스 항공권을 이용할 때는 비교적 고가 노선인 유럽 및 미주에 활용하는 편이 낫다. 일본·중국·동남아 등은 저가항공사의 특가 경쟁이 잦아 평소에도 마음만 먹으면 저렴하게 티켓을 구할 수 있기 때문이다. 마일리지의 현금성 가치를 감안해도, 3만 마일리지(30만 원)로 일본을 가는 것보다 7만 마일리지(70만 원)로 뉴욕행 항공권을 끊는 것이 유리하다. 대신 마일리지 항공권은 전체 좌석의 7% 수준에 불과하기 때문에 경쟁이 치열하다. 여행 날짜가 잡히자마자 홈페이지에 접속해 항공권을 선점해야 한다.

고수들만 안다는 이원발권 & 스톱오버

여행 고수들은 항공 마일리지로 편도 이원발권과 스톱오버 기능을 활용한다. 이원발권은 한국을 출발지나 도착지가 아닌 중간 경유지로 설정하는 것을 말한다. 항공사별로 '나리타-인천-하와이', '오사카-인천-괌' 등 이원발권이 가능한 노선이 따로 있다.

예를 들어 올해 홍콩과 뉴욕을 여행하려는 승객 A씨가 마일리지로 일반 항공권을 끊으면 '인천-홍콩' 왕복항공권(3만 마일리지), '인천-뉴욕' 왕복항공권(7만 마일리지)으로 총 10만 마일리지가 든다. 그러나 인천을 중간 경유지로 설정하면 '인천-홍콩' 편도항공권(1만 5천 마일리지), '홍콩-인천-뉴욕' 이원발권 편도항공권(3만 5천 마일리지), '뉴욕-인천' 편도항공권(3만 5천 마일리지)으로 총 8만 5천 마일리지로 여행할 수 있다. 이원발권만으로 1만 5천 마일리지를 아긴 셈이다.

인천을 경유한다고 해서 한국에 도착하자마자 다시 뉴욕으로 출발하는 것은 아니다. 인천에서 최대 1년까지 체류하는 '스톱오버'를 설정하면 홍콩을 다녀온 뒤 다시 출발일정을 잡아 뉴욕행 비행기에 몸을실으면 된다. 단, 항공사별로 스톱오버 정책과 마일리지 소비량이 다르므로 사전에 확인한다.

가족합산제도 활용하기

가족 구성원이 많다면 흩어진 마일리지를 하나로 합해주는 '가족합산제도'를 고려해볼 수 있다. 4인 가족이 1인당 5천 마일리지가 쌓여 있다면 혼자서는 항공권 발권이 힘들지만, 가족합산제도를 이용하면 총 2만 마일리지로 평수기 제주도 왕복항공권을 2매 끊을 수 있다. 항공사에 가족임을 증명하는 관련 서류를 제출하면 된다.

항공사 제휴 신용카드 사용하기

평소 여행을 자주 다니는 사람이라면 항공 마일리지 제휴카드를 고려해보자. 항공 마일리지만 집중적으로 쌓아주는 대신 기타 할인혜택은 상대적으로 적기 때문에 잘 따져보고 선택하는 것이 좋다. 보통 대한항공은 1,500원당 1마일리지, 아시아나항공은 1,500원당 1.2마일리지를 적립해주므로, 마일리지를 빨리 쌓길 원한다면 카드 발급 시 아시아나항공을 제휴 항공사로 선택하는 것이 유리하다.

<항공사 마일리지 신용카드>

카드사	카드명	혜택	연회비(원)
신한카드	아시아나 Air 1.5	• 1천 원당 1.5~3마일리지 적립 • 공항라운지 이용	45,000
	신한 Air 플래티넘#	• 대한항공: 1,500원당 1마일리지 • 아시아나: 1천 원당 1마일리지	40,000
SC제일은행	플러스마일	• 1천 원당 1~3.5마일리지 적립 • 공항라운지 이용	49,000
삼성카드	마일리지 플래티넘 (대한항공)	• 1천 원당 1~2마일리지 적립 • 공항라운지 이용	49,000
	애니패스 플래티넘 (아시아나)	• 1천 원당 1~5마일리지 적립 • 커피, 영화, 놀이공원 할인	20,000
롯데카드	스카이패스 더드림	• 1천 원당 1~2마일리지 적립 • 공항라운지 이용	30,000
KB국민카드	KB국민 파인테크 (대한항공)	• 1,500원당 1.2~3마일리지 적립	25,000
하나카드	마일 1.6 대한항공	• 1,500원당 1.6~1.8마일리지 적립	45,000
기업은행	마일앤조이	• 1,500원당 1~3마일리지 적립 • 공항라운지 이용	30,000

* 연회비는 국내외 겸용 기준

보너스 항공권 이외에도 항공 마일리지로 누릴 수 있는 혜택이 많이 있다. 대한항공과 아시아나항공, 제주항공의 주요 마일리지 혜택을 소개한다.

좌석승급 서비스

항공 마일리지를 가장 효율적으로 쓰는 방법 중 하나가 좌석승급 서비스다. 통상 비즈니스 좌석은 이코노미 좌석보다 요금이 2배 이상 비싸지만 마일리지를 이용하면 이보다 훨씬 적은 비용으로 승급이 가능하다.

아시아나항공 기준으로 이코노미에서 비즈니스 승급에 필요한 마일리지는 일본 및 동북아 1.5만 마일리지, 동남아 2만 마일리지, 미주·유럽 3.5만 마일리지다.

어린이 비동반 서비스

대한항공과 아시아나항공은 어린 자녀를 둔 부모들을 위해 '비동반 서비스'를 제공한다. 혼자 비행기에 탑승하는 어린이 및 청소년이 출발지 공항에서 탑승권을 발권하는 순간부터 도착지 공항에서 보호자를 만나기까지 안전하게 여행할 수 있도록 도와주는 서비스다. 국제선 비동반 서비스는 구간별로 10만 원 이상이 들지만, 1만 마일리지로 신청 가능하다.

<항공사별 주요 마일리지 제휴 혜택>

	대한항공	아시아나항공	제주항공
공통 서비스	• 어린이 비동반 서비스 • 좌석승급 및 보너스 항공권 • 공항 리무진 • 초과수화물 요금 • 모형비행기 등 항공사 로고 상품 • 공항라운지 이용 • 반려동물 탑승		• 공항라운지 이용
개별 서비스	• 한진관광 여행 패키지 • KAL·하얏트인천·하와이 와이키키리조트, 인터컨티넨탈 LA 호텔 • 추가 좌석용 항공권 • 제주민속촌 • 코트룸 서비스 • 마일로렌터카	• 모두투어·이마트·기내면세점 • CGV 영화 • 금호리조트·아트홀·미술관 • 금호타이어 • 아산스파비스 • 화순아쿠아나 • 위클리 딜즈 • 아시아나 로고숍	• SPC 제품 할인 • 항공료 일부 포인트 결제 가능 • 1천~400만 포인트 구매 가능 • 본인 포인트 타인에게 선물

공항 리무진 및 초과수화물 서비스

대한항공과 아시아나항공은 교통편이 어려운 승객을 위해 공항 리무진 서비스를 제공하고 있다. 공항 리무진은 시내-김포 구간 1천 마일리지, 시내-인천 구간 2천 마일리지로 이용 가능하다. 초과된 수화물 요금도 무게 및 부피에 따라 1만~2만 5천 마일리지로 대체할 수 있다.

쇼핑·외식·통신·공연 할인 서비스

항공 마일리지로 기내 쇼핑도 가능하다. 대한항공은 항공사 로고와 캐릭터를 활용한 모형비행기·담요·인형 등 다양한 상품을 선보이며, 아시아나항공은 기내면세점에서 면세품을 마일리지로 구매할 수 있다.

아시아나항공은 자체 포인트몰 '샵앤마일즈'를 통해 매주 외식·쇼핑 등 다양한 테마상품을 특가에 선보이며, 지마켓·11번가 등 온라인쇼핑몰과 연계해 고객들에게 항공 마일리지를 제공하는 이벤트도 운영 중이다. 이 외에도 금호아트홀과 금호미술관을 마일리지로 입장할 수 있고, CGV에서도 마일리지로 영화 관람이 가능하다.

제주항공은 SPC 제품을 구매할 때 마일리지로 결제할 수 있다.

호텔·렌터카·입장료 등 여행 특화상품 구입

대한항공은 계열사 한진관광의 패키지 여행상품을 비롯해 제주 KAL 호텔, 하얏트인천 호텔, 하와이 와이키키리조트, 인터컨티넨탈 LA 호텔을 마일리지로 결제할 수 있으며, 마일로렌터카도 이용할 수 있다. 제주민속촌 등 유명 관광지에서 마일리지 소액결제도 가능하다.

아시아나항공은 금호리조트·아산스파비스·화순아쿠아나 등 여행 관련 상품을 마일리지로 이용할 수 있으며, 아시아나항공에 탑승하는 모두투어 패키지 여행상품을 마일리지로 결제할 수 있다.

내 마일리지 친구에게 선물하기

제주항공은 고객이 항공권을 구입할 때 부족한 잔액을 모두 마일리지로 결제할 수 있다. 모자란 마일리지를 직접 구매할 수도 있고, 전용 앱을 통해 본인 소유의 마일리지를 지인에게 선물할 수도 있다.

도난당하거나 파손된 물품,
여행자보험으로 30배 보상받기

부부의 인생에서 가장 행복한 순간인 신혼여행. 그러나 내게는 눈물로 밤을 지새울 만큼 쓰라린 기억이자, 잊지 못할 추억을 남긴 이벤트다. 우리는 낭만의 도시 파리에서, 그것도 신혼여행 마지막 날, 카메라와 지갑, 여권이 들어 있는 배낭을 통째로 도난당했다. 3분도 채 안 되어 일어난 일이었다. 차오르는 눈물을 닦아가며 현지 대사관으로 달려가던 그때, 문득 여행 직전 가입해둔 여행자보험이 떠올랐다. 다행히 보험에는 도난당한 휴대품을 보상해주는 특약이 포함되어 있었다. 우리는 부랴부랴 현지 경찰서에 들러 도난 신고를 했고, 그때 작성한 '폴리스리포트'를 챙겨 귀국 후 보험사에 제출했다. 그 덕분에 낸 보험료보다 무려 30배 많은 보상금을 지급받을 수 있었다.

누구나 해외여행을 떠나기 전 불의의 사고를 대비하기 위해 여행자보험에 가입한다. 그러나 습관적으로 가입할 뿐 사고가 발생했을 때 어떻게 대처해야 하는지 아는 사람은 소수에 불과하다. 휴대품을 도난당하고도 보상받지 못하는 경우도 태반이다. 내 경험을 토대로 여행자보험금을 제대로 환급받는 절차에 대해 소개하고자 한다.

여행자보험 가입부터 환급까지 7단계

1단계: 여행자보험 가입하기

해외여행을 갈 때 여권만큼 중요한 것이 여행자보험이다. 여행자보험은 해외에서 발생한 상해·질병·사망 외에도 휴대품 도난·파손사고가 발생했을 때 가입금액에 따라 50만~100만 원 상당을 보상해준다. 확률상 여행 시 신체사고보다는 휴대품 도난사고 가능성이 더 크기 때문에 휴대품 보상항목을 꼼꼼히 따져보는 것이 좋다.

나의 경우 유럽 여행 10일 동안 1인 기준 1만 1,650원의 표준형 여행자보험에 가입했다. 이 중 '휴대품 손해' 보장내역은 '휴대품 1개당 최대 20만 원 보상, 휴대품 3개까지 접수 가능, 총보상액 50만 원 이하'였다. 여기에 자기부담금 1만 원이 포함되어 있었다. 보험료가 비쌀수록 휴대품 보상한도는 커지고 자기부담금은 낮아진다. 최근엔 손해율이 높아 보험사들이 휴대품 손해 특약을 제외하기도 하지만, 비용이 더 들어도 꼭 휴대품 손해 특약이 포함된 보험을 선택하자.

<신혼여행 당시 여행자보험 가입내역>

보장내용		가입금액
상해	사망	1억 원
	후유장애	1억 원
	해외발생 상해의료비	1천만 원
질병	사망	1천만 원
	해외발생 질병의료비	1천만 원
휴대품 손해	자기부담금 1만 원 (한 품목당 20만 원 이내, 최대 3개 품목 보장)	50만 원
배상책임	자기부담금 1만 원	1천만 원
특별비용		1천만 원
항공기 납치		140만 원
합계 보험료: 1만 1,650원		

* 국내발생 보장내역 제외

2단계: 휴대품 도난 인지하기

해외에서 휴대품이 사라졌을 때 가장 먼저 지금의 상황이 '도난'인지 '분실'인지 따져보자. 여행자보험은 오로지 도난과 파손에 대해서만 보상한다. 본인의 실수로 분실한 휴대품은 보상대상이 아니다. 추후 보험사에 도난 사실을 서면으로 증명해야 하기 때문에 도난 당시의 장소와 시간, 사유를 정확히 기억해둬야 한다.

도난당한 휴대품이 여행자보험에서 보상하는 휴대품인지도 체크해야 한다. 통상적으로 휴대폰, 카메라, 지갑, 가방, 포켓와이파이 등은 보상해주지만 여권, 현금, 항공권, 신용(체크)카드, 유가증권 등은 보상범위에서 제외된다.

당시 나의 배낭에는 두 사람의 여권과 카메라, 지갑과 신용카드, 현금 10만 원, 포켓와이파이 등이 있었지만, 보상이 가능한 휴대품은 카메라, 지갑, 포켓와이파이, 가방으로 총 4개에 불과했다.

3단계: 현지 대사관에서 임시여권 발급하기

만약 휴대품과 여권을 함께 잃어버렸다면 현지 대사관을 방문해 임시여권을 발급받는 게 우선이다(여권은 무사하고 휴대품만 도난당한 경우라면 이 과정을 건너뛴다). 프랑스 파리 기준으로, 현지 한국대사관에 가서

여권과 동일한 모습의 임시여권

6유로를 내면 '임시여권(임시여행자증)'을 발급해준다.

낯선 나라에서 본인의 신분을 나타낼 수 있는 유일한 수단이 여권이기 때문에 다음 단계인 '현지 경찰서 방문'을 위해 꼭 필요하다.

4단계: 현지 경찰서에서 '폴리스리포트' 받기

현지 경찰서에 들러 '폴리스리포트(Police Report)'를 작성하는 일은 보험료 청구과정을 통틀어 가장 중요한 단계다. 폴리스리포트가 없으면 아예 보험료를 청구할 수 없는 경우가 많다. 보험사 입장에서는

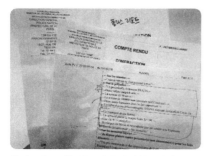

휴대품을 도난당했는지, 고의로 분실했는지 확인할 길이 없기 때문이다. 이때 현지 경찰서가 리포트를 통해 '도난사고'를 대신 증명해주는 것이므로 번거롭더라도 꼭 필요한 과정이다.

우리 부부는 파리 개선문 인근 버스정류장에서 소매치기를 당했기 때문에 곧장 관할 지역의 경찰서를 방문했다. 도시마다 시간 차는 있겠지만 당시 경찰서 대기시간은 약 1시간, 실제 리포트 작성은 30분가량 소요되었다. 인기 관광지일수록 도난사고가 많기 때문에 접수시간이 오래 걸린다.

담당 경찰관에게 사고 경위와 분실한 휴대품에 대해 설명하면 리포트를 작성해준다. 영어가 유창하지 않아도 된다. 장소와 시간, 도난물품에 대해 알릴 수 있을 정도의 보디랭귀지면 충분하다. 단, 도난당한 휴대품이 폴리스리포트에 모두 포함되었는지 확인해야 한다.

만약 일정상 경찰서에 방문하지 못한다면, 현지 대사관에서 임시여권을 발급할 때 여권분실신고서에 도난 사실과 도난품 목록을 쓴 뒤 복사해두자. 일부 보험사에서 참작하는 경우가 있다.

5단계: 도난품 시세증명자료 취합하기

폴리스리포트를 통해 도난 사실을 증명받았다면, 도난당한 휴대품

의 재산가치가 얼마나 되는
지 증명해야 한다. 이 과정에
따라 보상액이 결정된다. 구
입 당시 영수증이나 카드거
래내역이 있다면 챙기고, 영
수증이 없다면 현재 거래되
는 (중고)시세를 확인해 캡처
한 뒤 서류로 제출한다.

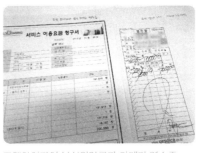

포켓와이파이 분실위약금과 카메라 영수증

우리 부부는 도난당한 4개물품 가운데 2개씩 나누어 시세증명자료
를 준비했다. 카메라는 구입 당시 받아놓은 영수증(70만 원)으로, 구입
한 지 꽤 지난 지갑(35만 원)과 가방(12만 원)은 모델명을 확인한 뒤 현
재 판매되는 중고시세를 확인해 출력했다. 인천공항에서 대여한 포켓
와이파이는 업체에 물어준 분실위약금 영수증(20만 원)으로 갈음했다.

6단계: 보상신청서 제출 및 보험사 심사

보상을 청구할 때 보험사가
공통적으로 요구하는 서류는
여권사본, 폴리스리포트, 피
해품의 구입영수증, 통장사본,
이통사 가입증명서(휴대폰 분실
시), 자사 양식의 보험청구서
등이다. 꼼꼼히 작성한 뒤 이

필요한 서류와 보험청구서를 작성해 접수한다

메일 또는 우편으로 접수한다. 이때 도난품 구입 영수증이 없어도 보험금 청구는 가능하지만 보상액이 적어질 가능성이 크다. 보상금은 도난품의 중고거래 시세를 기본으로 책정되지만 구입시기가 오래될수록 법정 감가상각률이 높아진다.

7단계: 보험금 수령하기

관련 서류를 챙겨 이메일로 보험금을 청구하면 짧게는 3~4일, 길게는 2~3주 안에 처리된다. 서류를 꼼꼼하게 제출하면 추가서류 요청 없이 빨리 처리된다.

스마트폰 단말기 가격이 100만 원을 웃도는 요즘, 휴대품 도난은 해외여행지에서 누구나 마주할 수 있는 흔한 사고다. 내가 가입한 여행자보험의 보상한도와 보상금 청구 절차를 제대로 숙지한다면, 불의의 사고에도 유연하게 대처할 수 있다. 서류 준비는 조금 번거롭지만 확실한 보상이 기다린다. 당시 우리 부부가 보상받은 금액은 다음과 같다.

여행자보험 보상금 내역

- **포켓와이파이**: 피해금액 20만 원, 보상금 20만 원(1개당 최대 한도)
- **가방**: 피해금액 12만 원, 보상금 10만 5,200원
- **카메라**: 피해금액 70만 원, 보상금 20만 원(1개당 최대 한도)
- **지갑**: 피해금액 35만 원, 보상 20만 원(1개당 최대 한도)

* 총 2인 보험료 2만 3,300원, 총보상금액 70만 5,200원
→ 지불한 보험료 대비 30배 환급

큰돈 들이지 않고
문화생활 즐기기

문화생활은 바쁜 현대인들이 빡빡한 일상에 쉼표를 찍고 마음을 재충전할 수 있는 시간이다. 영화·뮤지컬·콘서트·전시 등 선호하는 장르는 저마다 다르지만 예술작품과 창작물을 감상하면서 굳어 있던 감성이 깨어나고 삶의 질이 한 단계 성숙했음을 느낀다.

문제는 비싼 관람료다. 영화와 전시를 제외한 웬만한 공연들이 적게는 몇만 원, 많게는 10만 원을 훌쩍 넘는 관람료를 요구한다. '이 돈이면 한 달치 관리비인데…', '빠듯한 살림에 너무 사치하는 거 아닐까?' 하는 소심한 생각이 드는 것도 어쩌면 당연하다.

그러나 나는 1년에 두 번은 관람료와 관계없이 보고 싶었던 공연을 예매한다. 대신 이 과정에서 조금이라도 저렴하게 예매할 수 있는 방법을 연구한다. 매달 마지막 주 '문화가 있는 날'을 이용해 관람료의 40%를 할인받기도 하고, 무료 공연 앱을 이용해 연극이나 영화를 공짜로 관람하기도 한다.

조금만 손품을 팔면 생각보다 많은 곳에서 무료로 문화생활을 즐길 기회가 많다. 꼭꼭 숨겨두고 혼자만 알고 싶었던 정보를 여러분과 공유한다.

문화생활도 무료로 즐길 수 있다

서울문화포털 사이트 즐겨찾기

서울시내 곳곳에서 벌어지는 다양한 종류의 무료 문화행사는 서울문화포털(www.culture.seoul.go.kr) 사이트에서 확인할 수 있다. 연극·영화·클래식·뮤지컬·국악·무용 등 다양한 장르의 공연과 각종 문화강좌 등 매월 1천 건 이상의 문화행사정보를 제공한다. 장르별·종류별·지역별(자치구)·기간별 검색이 가능해 원하는 행사정보를 선별해 관람할 수도 있다.

미술에 관심이 많은 사람은 오픈갤러리(www.opengallery.co.kr)에서 무료 전시정보를 찾아볼 수 있다. 국립미술관, 사립미술관에 관계없이 지역별로 열리는 모든 전시정보를 소개한다. 유명한 작가의 작품을 무료로 전시하는 공공기관이 많으므로 수시로 체크하자.

영화시사회 신청하기

영화시사회는 영화 개봉을 앞두고 영화 팬들을 미리 초대해 작품을 소개하는 행사로, 영화 개봉정보를 공유하거나 기대평을 남기면 추첨 형태로 관람객을 초대한다. 영화 관람은 물론 좋아하는 배우들의 무대인사까지 볼 수 있으니 일석이조다. 영화관 홈페이지의 무료 시사회 코너에서 신청하거나, 영화 예매사이트 등에서 이벤트에 응모하면 된다. 당첨률을 높이기 위해 최대한 많은 곳에서 중복 신청하는 것이 좋다.

> **영화시사회 응모 가능한 사이트**
> - **영화관 홈페이지:** CGV, 롯데시네마, 메가박스 등
> - **영화 예매사이트:** 네이버 영화, 맥스무비, 예스24, 인터파크 영화, 씨네21, 무비스트, 시네통 등

국공립 미술관·박물관 가기

우리나라의 대표적인 국립미술관인 '국립현대미술관'은 만 24세 미만 청소년과 대학생이라면 1년 내내 무료 관람이 가능하다. 매월 마지막 주 수요일 '문화가 있는 날'에는 성인도 무료로 관람할 수 있다. '부산시립미술관'은 모든 관람객이 무료이며, 경복궁 '시립미술관', 혜화동 '아르코미술관', 통의동 '보안여관', 동대문 '디자인플라자'에서도 무료 전시가 진행 중이다.

자녀 교육 목적으로 자녀와 함께 관람할 곳을 찾는다면 전국에서 운영 중인 국립박물관도 눈여겨보자. '국립중앙박물관', '국립민속박

물관', '대한민국역사박물관', '국립한글박물관', '경주박물관', '광주박물관', '공주박물관', '국립해양박물관', '부산시립박물관' 등은 일부 유료 특별전시를 제외하고는 대부분 무료다.

갤러리 방문하기

서울 인사동을 비롯한 전국 소규모 갤러리는 대부분 무료로 운영된다. 갤러리의 목적은 입장권 수익이 아닌 신진작가나 유망작가의 작품을 좋은 가격에 판매하는 것이기 때문이다. 회화·설치·사진 등 신진작가의 참신한 작품은 물론 갤러리 특유의 유니크한 분위기를 감상하는 재미가 쏠쏠하다. 예술에 대한 이해의 폭을 넓힐 수 있는 기회를 놓치지 말자.

지역 공공기관의 무료공연 체크하기

지방에 거주하는 사람이라면 내가 살고 있는 지역의 공공기관 홈페이지를 즐겨찾기한 뒤 수시로 방문해 무료 공연 일정을 체크해보자. 예를 들어 부산시 수영구에 거주하는 사람이라면 부산시청, 수영구청, 부산교통공사, 부산문화재단 등이 즐겨찾기 대상이다. 특히 지역문화재단은 티켓나눔 이벤트를 정기적으로 운영 중이어서 신청서를 제출하면 당첨 확률이 높다.

물론 서울시 거주자도 예외는 아니다. 만약 서울시 구로구에 거주하는 사람이라면 서울시청, 구로구청, 서울교통공사, 구로문화재단을 즐겨찾기해둔다.

박람회 사전등록하기

서울 코엑스, 일산 킨텍스, 부산 벡스코 등에서 열리는 대규모 박람회는 행사 시작 1~2개월 전 홈페이지에 사전등록하면 무료로 관람할 수 있다. 경우에 따라서는 행사 전날까지 무료등록이 가능한 곳도 있다. 인테리어, 디자인, 식음료, 애견 등 매주 다양한 주제로 박람회가 열리므로, 관심 있는 행사는 각 전시회장의 홈페이지를 방문해 미리 등록해두면 좋다. 박람회는 볼거리도 풍부하지만 각종 시음행사와 이벤트, 기념품 증정을 하는 부스가 많아 혜택도 쏠쏠하다.

무료 공연 앱 다운로드하기

각종 무료 공연 정보를 모아서 소개하는 앱들이 있다. 자체적으로 진행하는 이벤트도 있어 꽤 유용하다.

무료 공연 앱

- **무비프리**: 자체 사이버머니 '팝콘'으로 영화·연극·뮤지컬 초대 이벤트에 응모할 수 있다. 2시간에 한 번씩 무료 응모기회가 주어지며, 한 작품에 중복 응모도 가능하다. 즉석에서 당첨 결과가 나온다. 하루에 1분만 투자하면 5번의 즉석 응모기회를 갖는다.
- **캔고루**: 각종 무료 전시와 강연, 체험 정보를 소개한다. 앱 정보를 공유하면 전시 초대권을 증정하는 이벤트를 상시 진행한다.
- **온오프믹스**: 다양한 오프라인 강연과 소모임, 교육 등에 참여할 수 있으며, 연극이나 뮤지컬 등 공연에 응모할 수 있는 코너도 별도로 마련되어 있다. 책을 낸 작가들이나 특정 분야의 인사들이 무료 강의를 여는 경우도 많다.
- **시나컬처**: 공연 중인 연극과 뮤지컬 무료 초청 이벤트를 상시 진행한다. 댓글로 간단히 응모사연을 입력하면 된다.
- **무비킹**: 앱 안에 〈유희열의 스케치북〉, 〈불후의명곡〉, 〈복면가왕〉, 〈개그콘서트〉, 〈코미디빅리그〉 등 인기 프로그램 방청신청 코너가 모여 있어 홈페이지를 일일이 방문하지 않아도 된다. 진행 중인 무료 영화시사회 이벤트 응모도 가능하다.

매월 마지막 주 수요일 공략하기

대형 뮤지컬처럼 관람료가 부담되는 공연은 매월 마지막 주 수요일 '문화의 날'을 공략하자. 대부분의 공연장과 영화관에서 적게는 티켓 정상가의 30%, 많게는 반값 이상 할인된다. 전국 국공립 미술관은 무료 입장도 가능하다. '문화가 있는 날' 사이트(www.culture.go.kr)에 접속하면 현재 매달 마지막 주 수요일 이벤트에 참여하는 곳을 지역별·장르별로 검색할 수 있다.

청소년·대학생을 위한 할인패키지

서울 예술의전당은 만 7~24세 관객과 문화누리카드 소지자를 대상으로 '당일할인티켓' 제도를 운영한다. 공연 당일 한정된 좌석을 특별할인가로 판매하는 제도다. 당일 오후 6시 30분 이전 공연은 오전 9시에 1차 오픈하고, 오후 7시 이후 공연은 오후 3시에 2차 오픈한다. 3만 원 이하 공연은 5천 원, 3만 원 이상 공연은 1만 원으로 구매 가능하다. 공연 당일 홈페이지 또는 현장에서 예매할 수 있다.

또한 만 7~24세와 70세 이상 어르신들을 대상으로 무료 리허설 관람 서비스를 제공한다(예술의전당 회원가입 시). 공연 직전 연주자 혹은 배우들이 최종 리허설하는 1부(60~90분)를 관람할 수 있다. 오케스트라, 무용 등 클래식 공연을 볼 때 유용하다.

세종문화회관은 14~25세 이하 청소년을 대상으로 매년 봄 시즌

'대극장 올패스'를 한정 판매한다. 2017년의 경우 오페라·오케스트라·합창·무용극 등 7개 공연을 2만 4천 원에 관람할 수 있는 패키지로 구성해 완판했다. 1인당 최대 구매수량은 2매이며, 동반 관람자 역시 14~25세 이하 청소년이어야 한다. 티켓 500매가 선착순 한정판매되기 때문에 서둘러 예매해야 한다.

한번 해보면 어렵지 않다,
평생 써먹는 해외직구 요령

해외에 직접 가지 않고도 현지 상품을 구매할 수 있는 해외직구가 뜨고 있다. 국내보다 20~30% 저렴하게 해외브랜드 제품을 살 수 있는 데다, 국내기업이 내수시장보다 저렴하게 내놓는 수출용 상품을 '득템'할 수 있어서다. 현지 세일기간이 겹치면 가격 경쟁력은 더욱 커진다. 일례로 국내에서 400만 원에 판매 중인 고가의 63인치 TV는 미국 블랙프라이데이 시즌에 직구했을 때 국제배송비와 관세, 현지 소비세를 다 포함하고도 250만 원에 불과했다.

해외직구에 관심이 있어도 생소한 용어와 배송시스템 때문에 망설였다면 더 늦기 전에 시작해보자. 배송대행지, 관세, 세일기간, 이 3가지만 기억하면 평생 써먹는 해외직구 요령을 터득할 수 있다.

해외직배송

해외 쇼핑사이트에서 직접 물품을 구매하고 국내로 배송받는 방식이다. 언어만 다를 뿐, 국내 온라인쇼핑몰을 이용하는 것과 같다. 최근엔 구매대행이나 배송대행을 거치지 않고 국내로 배송해주고 일정금액 이상 구매 시 배송비가 무료인 직구 사이트가 많아지고 있지만, 아직까지 해외사이트 대부분 국제배송이 제한되고 배송료가 비싼 편이다. 배송추적 또한 불가하다.

구매대행

해외직구 구매대행업체가 구매자 대신 해외쇼핑몰에서 주문한 뒤국내로 배송해주는 방식이다. 국제배송이 안 되거나 외국인 카드를 승인해주지 않는 사이트를 이용할 때 대행을 맡기면 편리하다. 대행업체가 구매부터 배송까지 모든 것을 해결해주는 만큼 대행 수수료가 가장 비싸다. 배송추적은 되지 않는다.

배송대행

가장 일반적인 해외직구 방식이 배송대행이다. 한국으로 배송이 불가능한 상품을 현지 배송대행지(배대지)에서 받아주고, 대행업체가 이를 다시 국내로 배송해준다. 배대지가 있는 국가라면 현지 사이트 어디에서든 주문이 가능하다. 배대지에서 배송 확인 및 물품 검수가 이루어지며, 배송만 대행하기 때문에 구매대행보다 수수료가 더 저렴하다.

> **주요 해외직구·배송대행 사이트**
> - **주요 해외직구 사이트**: 아마존, 아이허브, 샵밥, 이베이, 펫버킷 등
> - **주요 배송대행 사이트**: 이하넥스, 몰테일, 위메프박스, 아이포터, 오마이집, 포스트베이, 예스쉽, 헬로바이, 유에스베이, 뉴욕걸즈, 지니집, 세븐존, 유니옥션 등

똑똑한 해외직구 꿀팁

개인통관 고유부호 발급받기

해외직구에 앞서 '개인통관 고유부호'를 발급받아야 한다. 이는 해외에서 물건을 수입할 때 개인정보유출 위험을 막기 위해 관세청이 부여하는 고유번호다. 해외직구 결제 시 반드시 입력해야 하므로 미리 준비해야 한다. 관세청 사이트에서 본인인증절차를 거친 후 즉시 발급받을 수 있으며, 한 번 발급받으면 계속 쓸 수 있다.

배대지 똑똑하게 선택하기

해외쇼핑몰 대다수는 국제배송을 하지 않아 별도의 배대지가 필요하다. 배대지는 배송대행지의 줄임말로, 상품을 받아 국내로 보내주는 현지 물류센터 역할을 한다. 특히 미국은 주마다 세금 및 운송정책이 달라서 배대지가 위치한 주에 따라 직구 가격이 차이 난다.

캘리포니아는 부피·무게 면제 및 할인 혜택이 있고, 델라웨어는 화장품에, 뉴저지는 의류와 신발에 세금을 부과하지 않는다. 오리건은 전품목 면세지역이어서 직구를 애용하는 사람들에게 가장 인기 있는 지역으로 꼽힌다. 구매할 품목에 따라 유리한 배대지를 선택해야 하므로 미국 내에 다양한 배대지를 보유한 배송대행업체를 고르는 것이 좋다.

현지통화로 결제하기

상품 결제 시에는 반드시 현지통화 또는 달러로 결제해야 한다. 그렇지 않으면 원화를 달러로 환전하는 과정에서 3~6%가량의 이중 수수료가 부과되기 때문이다. 비자·마스터·아메리칸익스프레스 등 해외결제가 가능한 신용카드 및 체크카드로만 결제가 가능하다.

해외 세일기간 공략하기

우리나라 해외직구의 80%가 미국 세일기간에 이루어진다. 대개 기

<해외 주요 세일기간>

1월 1일	신년세일	겨울 시즌오프 상품
2월 14일	밸런타인데이	각종 선물 및 잡화상품
7월 4일	독립기념일	전품목 상반기 결산 세일
9월 첫째주 월요일	노동절	여름 시즌오프 상품
11월 넷째주 목요일	추수감사절	가을 시즌오프 상품
11월 넷째주 금요일	블랙프라이데이	연중 최대 규모, 최대 90% 할인
12월 25일	크리스마스	한 해 마지막 빅세일

넘일 전후에 집중적으로 세일하므로 날짜를 미리 체크하는 것이 좋다. 구글검색창에서 '브랜드명+쿠폰'을 입력하면 각종 할인쿠폰도 챙길 수 있다.

해외직구 관세를 피하는 방법

해외직구는 물품가격과 국제배송비 외에도 관세와 부가가치세 10%가 추가로 붙는다. 관세는 국외에서 국내로 들여오는 상품에 부과하는 세금이고, 부가가치세는 생산 및 유통과정에서 창출되는 부가가치에 붙는 세금이다.

관세는 '과세가격(직구비용)×관세율'이고, 부가가치세는 '(과세가격+관세)×10%'다. 만약 해외직구로 30만 원짜리 의류를 구입했다면 관세는 '30만 원×13%=3만 9천 원'이고, 부가가치세는 '33만 9천 원×10%=3만 3,900원'이다. 구입물품에 대한 정확한 관부가세는 관세청 전자통관시스템(유니패스) 사이트에서 확인할 수 있다. 또는 네이버에 '관부가세 계산기'를 입력한 뒤 구입국가와 물품가격, 물품중량을 입력하면 자동 계산되어 편리하다.

그러나 모든 해외직구 물품에 관세가 붙는 것은 아니다. 어느 국가에서, 어떤 제품을, 얼마에 샀느냐에 따라 관세가 붙기도 하고, 면제되기도 한다.

<상품별 관세율과 부가세율>

품목	관세율	부가세율
의류, 신발 및 잡화		
신발, 의류	13%	10%
가방, 지갑	8%	10%
향수	6.5%	10%
디지털, 전자, 컴퓨터제품		
노트북PC, 데스크톱PC, 소프트웨어, 아이패드, 휴대폰, 스캐너/프린터/모니터/마우스	0%	10%
일반시계, 카메라	8%	10%
레저, 스포츠용품		
골프용품, 공/라켓, 낚시용품, 수영용품, 스케이트·스키용품, 스포츠용 헬멧, 자전거 관련 부품, 기타 레저용품 및 운동용구	8%	10%
스포츠용 신발	13%	10%
생활용품		
책	0%	0%
비디오게임, 오락기	0%	10%
유모차, 보행기	5%	10%
완구, 식기, 안전용품, 애완용 소품류, 자동차 용품, 이불	8%	10%

* 출처: 세븐존

면세한도 확인하기

면세한도는 수입국가에 따라 다르다. 우리나라와 FTA협정을 맺은 미국은 해외직구 품목에 따라 최대 200달러까지 관세가 면제된다.

미국 외 기타 국가는 150달러까지다. 면세한도는 '상품가격＋국제배송비＋현지 TAX'가 모두 포함된 한도다. 미국의 경우 200달러에서 1달러만 초과되어도 1달러에 대한 세금이 아니라, 총 201달러에 대한 세금을 내야 한다.

> **미국 및 미국 외 국가의 면세한도**
> - **미국 면세한도**: 일반통관 150달러 이하 구매 시, 목록통관 200달러 이하 구매 시
> - **미국 외 국가 면세한도**: 일반통관 150달러 이하 구매 시, 목록통관 150달러 이하 구매 시

'일반통관'보다 유리한 '목록통관'

우리나라 통관은 수입되는 물품 종류에 따라 일반통관과 목록통관으로 나뉜다. 우리가 해외직구로 자주 구매하는 의류·잡화·화장품 등은 모두 목록통관에 속한다. 목록통관은 수입신고 과정을 거치지 않고, 이름·전화번호·주소·물품명·중량·구입가격 등이 입력된 송장만으로 통관이 가능하다. 단, 목록통관 품목에 일반통관 품목이 하나라도 포함될 경우 모두 일반통관 품목으로 분류되므로 섞이지 않아야 한다.

> **목록통관 품목과 일반통관 품목**
> - **목록통관 품목**: 의류, 화장품, 일반통관에서 제외된 모든 상품(대부분의 해외직구에 해당)
> - **일반통관 품목**: 의약품, 의료기기, 한약재, 건강기능식품, 식품 및 과자류, 농림축산수산물, 담배, 주류, 기능성 화장품, 향수 등

시간 차 두고 주문해 합산 과세 피하기

각각 다른 날짜에 해외직구를 했다 하더라도 주문한 물건이 같은 날 한국에 도착하면 구매물품 가격이 합산되어 과세된다. 예를 들어 지난 월요일 해외직구 사이트에서 150달러짜리 구두를 주문하고, 이틀 뒤 180달러짜리 청바지를 주문했다고 가정해보자. 두 제품이 각각 다른 날 미국에서 국내로 들어온다면 면세한도 200달러를 넘지 않으므로 두 품목 다 세금이 면제되지만, 같은 날 국내에 들어온다면 총 330달러에 대한 세금을 물어야 한다. 따라서 물품이 같은 날 도착하지 않도록 시간 차를 두고 주문하는 것이 좋다.

해외직구, 이것만은 주의하자

해외직구가 반드시 저렴한 것은 아니다. 물품가격 외에도 국제배송비, 관세, 대행수수료가 추가로 붙기 때문이다. 모든 부가비용을 합한 금액이 국내에서 사는 가격보다 저렴한지 따져본 뒤 구매하는 것이 현명하다.

해외직구 제품은 하자가 발생해도 교환이나 반품이 어렵다. 분쟁이 발생해도 국내법이 적용되지 않아 합의점을 찾기 힘들다. 또한 주소지를 잘못 기입할 경우 변경이 힘들고, 미국의 경우 제3자(배대지)가 물품 수령 시 배송과 물품에 이상이 있어도 책임지지 않기 때문에 대행업체 측에 꼼꼼한 검수를 의뢰해야 한다.

자동차 유지비를
줄여주는 습관

자동차는 가계에서 주택 다음으로 비싼 재화다. 구입비용도 만만 치 않은데 유지비용은 더 든다. 매달 떼어가는 할부금을 제외하더라 도 보험료, 기름값, 주차비, 소모품비 등으로 연간 수백만 원은 우습 게 나간다. 녹색소비자연대에 따르면 주 4회 이상 운전하는 운전자 는 차량유지비로 연간 462만 원을 쓴다. 이 중에서 주유비는 303만 8천 원(월 25만 300원), 주차비 65만 6천 원(월 5만 4천 원), 보험료 62만 8천 원, 소모품 교체비 29만 8천 원이다. 추가로 톨게이트 비용, 수리 비, 세차비, 범칙금 등까지 감안하면 실제로는 더 많은 비용이 들 것 으로 예상된다.

자동차 유지비는 크게 차종과 주행거리, 주유비 등에 따라 좌우된다. 그러나 평소 올바른 운전습관을 갖고 정부 지원제도를 제대로 활용하면 연 100만 원 상당을 절감할 수 있다.

자동차 유지비, 이렇게 절감할 수 있다

자동차세 연납제도 활용하기

운전자라면 누구나 1년에 두 번, 6월과 12월에 자동차세를 내야한다. 이때 1월 연납제도를 이용하면, 자동차세의 10%가 할인된다. 1,700cc 승용차에 부과된 세금이 30만 원이라면, 연납제도를 통해 27만 원만 내면 된다. 1월에 놓쳤다면 3월(7.5%), 6월(5%), 9월(2.5%)에도 낼 수 있는데 기간이 지날수록 할인율이 낮아진다. 위택스(www.wetax.go.kr)에 접속해 자동차세를 한 번에 납부하거나, 시군구청 및 동사무소에 전화해 연납제도를 신청하고 정해진 계좌로 입금하면 된다. 신용카드 결제 시 3개월 할부서비스도 제공한다.

과태료 자진납부로 20% 할인받기

운전을 하다 보면 무심코 과속을 하거나 신호를 위반하는 일이 생긴다. 교통법규를 준수해 과태료를 내지 않는 것이 가장 좋겠지만, 만약 과태료를 내야 할 상황이라면 자진납부 기간을 이용해 과태료를 20% 할인받자. 고지서 발송 후 15일 이내에 납부하면 된다. 주정차 위반으로 과태료 4만 원이 나왔다면, 자진납부로 20% 할인을 받아 3만 2천 원만 부담한다. 과태료 조회 및 납부는 경찰청교통민원 24(이파인) 사이트(www.efine.go.kr)에서 할 수 있다.

공영주차장 및 주차장 앱 이용하기

주차비는 주유비 다음으로 지출이 큰 항목이다. 먼저 목적지 인근의 공영주차장을 찾아보자. 공영주차장은 일반주차장에 비해 가격이 50%가량 저렴할 뿐 아니라 경차의 경우 추가로 50%가 할인된다. 매달 19일 전후로 홈페이지에서 정기권을 신청할 수도 있다. 목적지 근처에 공영주차장이 없거나 주차비가 비싸다면 주차장공유서비스를 활용한다. '모두의 주차장', '파킹박', '아이파킹' 등의 앱은 주차장을 빌려주려는 사람과 빌리려는 사람을 연동해주며, 카드사와 제휴를 맺은 무료 주차장도 알려준다.

승용차 마일리지 제도 활용하기

자동차 운행거리를 줄이면 최대 7만 원의 인센티브를 주는 승용차 마일리지 제도가 2017년부터 서울시에서 운영 중이다. 1년 단위로 주행거리를 등록한 뒤 전년 대비 감축량과 감축률에 따라 마일리지를 제공한다. 제공된 마일리지는 모바일상품권, 세금 납부, 기부 등으로 활용 가능하다. 홈페이지(driving-mileage.seoul.go.kr)에 차량정보를 등록하고, 7일 이내에 차량 번호판과 누적 계기판 사진을 업로드하면 신청이 완료된다. 2019년 2월 기준 운전자 7만 1천 명을 모집했으며, 2021년까지 총 25만 명의 운전자를 모집할 계획이다.

기름값 아끼는 6가지 노하우

- **주유 눈금 한 칸 이상 유지하기**: 연료 경고등에 불이 들어오거나 주유 눈금이 바닥일 때 주유하면 연료가 연료탱크 바닥에 부딪히며 산화되어 일부가 소실된다. 최소한 눈금이 한 칸 이상 남았을 때 주유하는 게 좋다.

- **기온 낮은 아침·저녁에 주유하기**: 휘발유는 액체로 구성되어 있어 외부 기온에 따라 부피가 달라진다. 온도가 낮으면 연료가 수축하고, 온도가 높으면 연료가 팽창해 기름이 적게 들어간다. 한낮의 뜨거운 시간을 피해 온도가 낮은 아침·저녁 시간에 주유하는 게 좋다. 또한 비나 눈이 오는 습한 날보다 맑은 날에 기름이 더 많이 들어간다.

- **연료탱크 가득 채우지 않기**: 기름을 연료통에 가득 넣으면 차량의 무게가 상승해 기름의 무게만큼 기름소모량이 늘어난다. 연료탱크의 70~80% 정도만 주유한다. 리터 기준으로는 석유시장 감시단의 정량검사 기준인 20L를 요구하면 주유소가 주유량을 쉽게 속일 수 없다.

- **셀프주유소 활용하기**: 인건비가 없는 셀프주유소는 기름값이 일반 주유소보다 리터당 50~100원가량 저렴하다. 한국석유공사에서 운영하는 '오피넷' 앱을 이용하면 현재 위치에서 가장 가깝고 기름값이 저렴한 셀프주유소를 찾을 수 있다.

- **주유 속도는 1단으로 하기**: 셀프주유를 할 때는 주유 속도를 최대한 느리게, 1단으로 조절한다. 고속으로 주유하면 기름에서 유증기가 발생하는데, 이 유증기가 공간을 차지해 실제 넣은 기름보다 더 많이 들어간 것처럼 보인다.

- **운전 마치기 10분 전 에어컨 끄기**: 에어컨을 처음 켤 때는 창문을 연 상태에서 세게 틀고, 뜨거운 바람이 어느 정도 빠져나가면 창문을 닫고 약하게 조절한다. 운전을 마치기 약 10분 전에는 에어컨을 끈다. 기름값을 아낄 뿐 아니라 에어컨 사용 후 차량 내에 남아 있는 물기를 제거해 곰팡이가 생기는 것도 방지할 수 있다.

불법주정차 문자알림 서비스

'주정차 단속 알림 서비스 앱'을 내려받아 차량번호와 소유주명, 휴대전화번호를 입력하면 불법주차 단속 전에 문자메시지로 알림을 보내준다. 문자메시지를 받고 5분 안에 차량을 이동하면 4만 원에 달하는 주차위반 딱지를 피할 수 있다. 주의할 점은 자신의 거주지 또는 직장 근처, 자주 가는 지역의 관할구청에 각각 문자알림을 따로 신청해야 한다는 것이다. 현재 앱에서 바로 신청 가능한 지역은 서울시 16개구 등 전국 83개 지역구다.

연비 높이는 운전습관 갖기

첫째, 급발진과 급정거를 피하고 일정한 속도로 주행한다. 둘째, 타이어 적정 공기압을 30~34psi로 유지한다. 공기압이 떨어지면 연비가 떨어지고, 주행 안정성도 떨어진다. 셋째, 운전모드를 'ECO모드'로 설정한다. 넷째, 트렁크는 가볍게 한다. 각종 짐으로 트렁크가 무거워지면 차량 중량이 증가되어 연비에 악영향을 끼친다.

꼭 필요한 자동차보험,
저렴하게 가입하기

　자동차보험은 운전자라면 누구나 가입해야 하는 의무보험이지만, 보험료가 적게는 몇만 원, 많게는 100만 원이 넘어 가계에 적잖은 부담이 된다. 보험료는 운전자 연령과 경력, 사고 유무, 운전자 범위, 차종 등에 따라 결정되는데, 같은 조건이라도 보험사별 특약에 따라 보험료가 5~20% 정도 차이가 난다.

　자신의 운전습관이나 생활환경에 따라 유리한 특약도 따로 있다. 예를 들어 주말에만 자동차를 이용하는 운전자라면 주행거리 특약 할인이 유리하고, 어린 자녀가 있는 운전자라면 자녀할인 혜택이 큰 보험사가 좋다. 최근 보험사들의 할인 특약범위가 확대되는 추세이므로 자신에게 가장 유리한 특약을 선별해 보험료를 낮춰보자.

자동차보험료를 낮추는 특급 노하우

운전자 범위는 좁히고, 연령 제한은 높이기

실제로 운전하는 사람이 몇 명인지, 운전자의 나이가 몇 살인지에 따라 보험료가 달라진다. 누구나 운전할 수 있도록 설정하면 평균 보험료보다 11%가량 비싼 반면, 운전자를 1인 한정 또는 부부 한정으로 설정하면 평균 보험료보다 15%가량 낮아진다. 연령 조건도 마찬가지다. 운전자 범위를 30세 이상으로 한정하면 평균 보험료보다 14%가량 할인되지만, 21세 이상으로 지정하면 최대 95% 할증된 보험료를 내야 한다.

대중교통 출퇴근 시 10% 할인

주말에만 자가용을 이용하고 대중교통으로 출퇴근하는 운전자는 마일리지 특약에 더해 대중교통 특약 할인도 받을 수 있다. KB손해보험은 최근 3개월간 대중교통 이용료가 15만 원 이상이면 보험료를 최대 10% 할인해준다. 승용차 요일제를 지정해도 5~8% 할인된다.

블랙박스, UBI 설치하면 1~5% 할인

블랙박스는 사고 당시 근거자료로 쓰일 뿐 아니라, 보험사기를 예방하는 효과가 있다. 따라서 차량에 블랙박스를 장착하면 전 보험사에서 자동차보험료를 1~5% 할인해준다. 비슷한 효과를 내는 차량 도난방지 특약, UBI 특약 등에 가입하면 5%가량이 추가로 할인된다.

주행거리가 짧으면 마일리지 특약

주행거리가 짧을수록 내야 할 보험료가 줄어든다. 보험연구원의 조사에 따르면 주행거리 특약 미가입자는 사고율이 24.2%인 반면, 특약 가입자는 사고율이 15.7%에 그쳤다. 이는 운전대를 잡는 시간이 짧을수록 사고 위험이 낮다는 것을 의미한다. 그래서 보험사들은 특약이 적용되는 주행거리 범위를 넓히고 특약 할인율을 높이는 방식으로 손해율을 낮추고 있다. 과거 최대 1만 5천km에 불과했던 주행거리 특약은 최근 2만km까지 완화되었으며, 할인율은 최대 37%에 달한다.

<주행거리에 따른 보험사별 특약 할인율>

운행거리	KB 손해보험	DB 손해보험	메리츠화재	삼성화재	현대해상
2천km 이하	35%	34%			
3천km 이하			33%	32%	32%
4천km 이하	30%	23%			
5천km 이하			29%	24%	27%
6천km 이하	26%				
7천km 이하		19%		22%	22%
8천km 이하	20.5%				
1만km 이하	17%	17%	21%	17%	19%
1만 2천km 이하				4%	
1만 5천km 이하	6%	5%			6%
1만 7천km 이하			6%		
2만km 이하			2%		

연소득 4천만 원 이하, 서민우대 특약 할인

연소득 4천만 원 이하 서민 또는 기초생활수급자 중 5년 이상 중고차 소유자가 '서민우대 자동차보험 특약'에 가입하면 보험료의 3~8%가 할인된다. 전 보험사에서 운영한다.

만 7세 미만 자녀가 있다면 4~10% 할인

만 7세 미만의 어린 자녀가 있는 운전자는 자동차보험료가 최대 10% 할인된다. 어린 자녀가 동승하면 부모가 안전운전할 확률이 높고 이에 따라 사고율이 낮아지기 때문이다. 자녀 나이를 확인할 수 있는 등본 한 통만 제출하면 가입이 가능하다.

<보험사별 자녀 특약>

보험사	할인 대상	할인율	운전자 범위	기타
DB손해보험	태아	15%	1인 한정 또는 부부 한정	
	만 5세 이하	9%		
	만 6세	3%		
현대해상	태아	13%	1인 한정 또는 부부 한정	
	만 6세 이하	8%		
	태아	8%	그 외	
	만 6세 이하	3%		
삼성화재	태아	7%	1인 한정 또는 부부 한정	만 35~55세
	만 5세 이하	3%		
	태아	10%		그 외
	만 5세 이하	5%		
메리츠화재	8세 이하	5%	1인 한정 또는 부부 한정	

* 2019년 2월 기준

무사고차량 최대 70% 할인

보험료를 줄이는 가장 효과적인 방법은 안전운전이다. 직전 1년간 무사고를 유지하면 다음해 자동차보험료가 3~13%가량 할인되고, 무사고 경력을 18년간 유지하면 최대 70%까지 저렴해진다. 반면 사고가 발생하면 사고의 규모 및 건수에 따라 다음해 보험료가 5~100%까지 할증된다. 특히 1년간 사고가 3건 이상이면 100% 할증된다.

DB손해보험은 운전자가 스마트폰 내비게이션 T맵을 켜고 500km 이상 주행 시 부여되는 안전운전 점수를 61점 이상 받을 경우 보험료를 5% 할인해주기도 한다.

보험료 (예시) 1,700cc 준중형차 보험료 견적 90만 원

- 블랙박스 특약 3%
- 연간 1만km 이하 주행 21%
- 3년 무사고 10%
- 만 7세 이하 자녀 7%
- 만 30세 이상 14%
- 부부한정 15%
  → 실제 낸 보험료 42만 1,900원(약 53% 할인)

보험 첫 가입이면 가입경력 인정제 활용

대학생·사회초년생 등 초보운전자의 경우 사고 발생 위험이 높고 위기 시 대처능력이 떨어져 보험료 산정 시 할증료가 높게 산출된다. 그러나 보험에 처음 가입하더라도 '가입경력 인정제'를 활용하면 보험료를 최대 52%까지 낮출 수 있다. 가입경력 인정제란 부모·배우자 등 가족이 운전하는 보험에 가입한 경력이 있을 경우 이를 운전경력으로 인정해 보험료를 낮춰주는 제도다. 본인 명의의 보험은 없더라도 부모님이 운전하는 승용차에 '가족한정 특약'이 지정되어 있다면 향후 보험 가입 시 할증료가 낮아진다. 예를 들어 가족한정 특약에 4년간 운전자로 지정되어 있었다면, 과거의 운전경력 4년을 인정받는 것이다. 나이가 어리더라도 가입경력이 인정되면 비슷한 나이대의 운전자에 비해 보험료가 저렴해진다.

'보험다모아'에서 자신에게 맞는 자동차보험 찾기

자동차보험료 부담을 줄이고 싶다면 자동차보험료 비교견적 사이트에서 특약 체크는 필수다. 온라인 보험슈퍼마켓 '보험다모아(www.e-insmarket.or.kr)'에 접속해 운전자 연령과 운전경력, 특약 사항 등을 체크하면 보험료가 가장 저렴한 순서로 볼 수 있다. 상품별 할인율과 할증률도 꼼꼼히 비교하자.

보험료 할증을 최대한 피하자

보험료를 줄이는 것도 중요하지만 보험료 할증을 받지 않는 것도 못지않게 중요하다. 보험사들은 안전운전을 유도하기 위해 음주·무면허 등 중대 교통법규 위반자나 신호 위반으로 2회 이상 적발된 운전자에게 보험료를 5~20% 할증한다. 또한 운전 중 휴대폰을 사용하거나 DMB 시청을 하다 사고가 난 경우 운전자의 과실비율을 10%p 높인다. 예를 들어 사고 당시 본인과 상대방의 과실비율이 각각 50 대 50이었어도, 휴대폰 사용이 적발되면 60 대 40으로 조정된다. 과실비율이 높은 운전자에게 높은 할증률을, 낮은 운전자에게 낮은 할증률을 적용하도록 제도가 개선된 만큼 주의할 필요가 있다.

뚜벅이를 위한
대중교통 요금 할인 팁

대중교통은 서민들이 이용할 수 있는 가장 경제적인 교통수단으로, 1천 원대 요금으로 버스와 지하철을 환승하면서 지역 곳곳을 누빌 수 있다. 바쁜 출퇴근길에 혼잡한 도로를 피할 수 있고, 자가용 운전자처럼 장시간 운전하지 않아도 되며, 매달 고정적으로 지출하는 교통비 부담도 덜하다. 매일 자가용으로 출퇴근하는 직장인이 자동차 유지비로 월 20만~30만 원을 지출하는 데 반해, 대중교통을 이용하는 직장인은 월 6만~7만 원을 쓰는 데 불과하다.

게다가 자신의 출퇴근 습관에 따라 다양한 대중교통 할인 혜택을 볼 수 있다. 출퇴근 거리가 장거리일수록, 이용횟수가 많을수록 할인 폭이 크다. 매년 물가상승률에 따라 조금씩 인상되는 대중교통 요금은 피할 수 없지만, 몇 가지 옵션만 기억하면 매년 적게는 몇만 원에서 많게는 68만 원까지 아낄 수 있다.

대중교통 요금, 이렇게 아끼자

도보 30분 이내 거리는 '따릉이'

집에서 회사까지 차를 타기엔 아깝고, 걷기도 애매한 도보 30분 이내 거리라면 서울시 공공자전거 '따릉이'를 이용해보길 권한다. 따릉이는 교통체증과 대기오염, 고유가 문제를 해결하기 위해 서울시가 내놓은 무인대여 공공자전거다. 연회비 3만 원으로 1년 365일 1~2시간 간격으로 자전거를 자유롭게 빌려 탈 수 있다.

이용권은 1인 기준 1일 1천 원, 한 달 5천 원, 6개월 1만 5천 원, 1년 3만 원이다(1시간 대여 기준). 직장인 연평균 대중교통비가 72만 원임을 감안하면, 따릉이 이용으로 연 최대 68만 원을 아낄 수 있는 셈이다. 평일엔 출퇴근용, 주말엔 나들이용으로 활용할 수 있어 교통비 절약은 물론 부족한 운동까지 자전거로 보충할 수 있다.

따릉이는 2019년 6월 기준 서울시 25개 자치구의 1,540개 대여소에서 자전거 2만 대가 무인시스템으로 운영되고 있다. 지하철 출입구, 버스정류장, 주택단지, 관공서, 학교 등 시민들이 자주 이용하는 통행장소를 중심으로 운영되며, 장소에 구애받지 않고 서울시내 어느 대여소에서든 반납이 가능하다.

따릉이 홈페이지 또는 따릉이 앱을 실행시켜 대여시간과 대여소를 선택한 뒤 신용카드나 티머니카드로 결제하면 된다. 365일 정기권을 구입한 회원에 한해 마일리지 적립도 가능하다. 이용 후 30분 이내에 버스나 지하철을 이용하면 1회당 100포인트, 1일 최대 200포인트, 연 최대 1만 5천 포인트를 적립해준다. 적립된 포인트는 추후 따릉이 정기권 구매 시 이용할 수 있다. 서울시 외에도 대전시 타슈, 고양시 피프틴, 세종시 어울링 등 지역마다 공공자전거 체계를 구축해 운영하고 있다.

<따릉이 요금표>

구분		정기권		일일권(회원)		일일권(비회원)	
	종별	일반권 (60분)	프리미엄권 (120분)	일반권 (60분)	프리미엄권 (120분)	일반권 (60분)	프리미엄권 (120분)
상품	7일권	3천 원	4천 원	1천 원	2천 원	1천 원	2천 원
	30일권	5천 원	7천 원				
	180일권	1만 5천 원	2만 원				
	365일권	3만 원	4만 원				
결제	휴대폰, 신용카드, 모바일 티머니			휴대폰, 신용카드, 모바일 티머니		휴대폰, 신용카드	
추가 요금	5분당 200원씩 추가						
이용 시간	• 일반권 자전거 기본 대여시간: 60분 • 프리미엄권 자전거 기본 대여시간: 120분 • 자전거 대여 후 기본 대여시간 초과 시 추가요금 부과(추가요금 미납 시 재대여 불가) • 대여시간 일반권 4시간, 프리미엄권 6시간 초과 시 도난 혹은 분실로 간주함						

<전국 공공자전거 운영현황>

지역	공공자전거	가격	대여소
서울	따릉이	1일 1천 원	1,540곳
대전	타슈	1일 500원	261곳
창원	누비자	1일 1천 원	282곳
고양	피프틴	1일 1천 원	151곳
안산	페달로	1일 1천 원	107곳
세종	어울링	1일 1천 원	73곳
순천	온누리	1일 1천 원	44곳
여수	여수랑	1일 1천 원	32곳
거창	그린씽	1일 1천 원	13곳

* 2019년 6월 기준

지하철을 자주 탄다면 '정기승차권'

지하철 이용횟수가 월 44회 이상이라면 정기승차권을 이용하는 것이 경제적이다. 정기승차권은 44회분 월정액 요금으로 60회까지 탈수 있는 제도다. 서울시내에서 이용하는 서울전용권과 서울 외 지역이 포함되는 거리비례용권으로 나뉜다.

서울전용권은 30일 동안 5만 5천 원으로 지정 구간에서 60회 승차가 가능하다. 기본운임 1,250원을 기준으로 44회 이용 시 5만 5천 원이 되므로, 매달 16회분을 무료로 이용하는 셈이다. 돈으로 환산하면 월 2만 원, 연 24만 원을 아낀다. 단, 정해진 구간을 벗어나면 이용권 1회가 추가 차감된다.

거리비례용 정기승차권은 별도의 지정구간 없이 자유롭게 이용할 수 있으나, 거리(20~50km)에 따라 운임이 총 14종(5만 5천 원~10만 2,900원)으로 달라진다. '종별 기본운임×44회×15% 할인'이 적용된 금액으로 30일간 60회 이용할 수 있는 것이다. 단, 정기승차권은 버스 환승에 이용할 수 없으며, 개시 후 30일이 지나면 잔여횟수가 자동 소멸된다.

정리하면, 정기승차권은 '월 44회 이상 지하철 이용', '편도운임 1,350원 이상', '버스 환승 없이 지하철만 이용'하는 사람들에게 유리하다. 정기승차권은 지하철 모든 역사 내 창구에서 구입할 수 있으며, 최초 구입 시 2,500원의 교통카드 비용이 청구된다. 국세청에 정기승차권을 등록하면 연말에 소득공제 혜택도 받을 수 있다.

오전 6시 30분 이전 출근 시 대중교통 조조할인

출근시간이 이르다면 대중교통 조조할인을 받을 수 있다. 오전 6시 30분 이전에 버스나 지하철을 이용하면 기본요금의 20%가 할인된다. 한번 탑승하면 이후 환승과 하차 시간에 관계없이 할인이 유지된다. 조조할인은 수도권 지하철 모든 노선에서 적용되고, 버스는 서울시내버스와 서울을 거쳐 가는 광역버스만 할인이 적용된다. 단, 조조할인은 교통카드를 이용할 경우만 가능하며, 현금 지불은 해당되지 않는다.

대중교통 요금 할인카드 챙기기

한 달에 대중교통 요금 몇천 원 아끼자고 신용카드를 새로 발급받는 것은 어리석지만, 새 신용카드로 바꿀 계획이거나 생활비 지출용으로 신규발급이 필요한 상황이라면 대중교통 할인이 탑재된 신용카드를 고려해보자.

<대중교통 요금 할인되는 신용카드>

카드	혜택
삼성카드 taptap O	대중교통(버스, 지하철), 택시 10% 할인
KB국민 청춘대로 톡톡	
신한카드 Deep Dream	대중교통 0.7% 포인트 적립, 택시 이용 3·6·9번째 2천 원 할인
기업은행 마일앤조이	인천공항 무료 교통 서비스, KTX·SRT 일반석 10% 할인

PART 3에서는 뉴노멀 시대를 살고 있는 오늘날의 금융소비자들이 필수적으로 알아야 할 금융정보와 통장 관리법에 대해 이야기한다. 자신감의 9할은 통장잔고에서 나오고, 수북한 통장잔고는 금융지식을 토대로 빠르게 형성된다.

PART 3

부자의
감각을
깨워주는
금융생활

자신감의 9할은
통장잔고에서 나온다

집이 경매로 넘어가 1억 원을 날렸던 그때, 나는 돈도 돈이지만 떨어진 자신감을 회복하기가 더 어려웠다. '돈도 없고 직장도 없는 내가 도대체 뭘 잘할 수 있겠어?'라는 생각이 머릿속을 떠나지 않았다. 재취업을 위해 학원에 다닐 때는 어린 친구들 사이에서 괜히 주눅이 들었고, 친구들과의 모임에서는 나 혼자 경제적으로 뒤처지는 것 같아 우울했다. 연애에 있어서도 나만의 주관을 갖지 못한 채 한껏 움츠러들었다.

한 달 전의 나와 지금의 나는 같은 사람이었지만, 1억 원이 사라진 순간 내 주변의 모든 것들이 다르게 다가왔다. 그때 깨달았다. 텅텅 빈 통장잔고가 나의 자신감을 얼마나 무너뜨리는지. 신기하게도 나의 자신감은 재취업과 동시에 통장에 잔고가 불어나면서 회복되기 시작했다.

우리가 부자들을 부러워하는 이유는 단순히 자산규모가 커서만은 아니다. 경제적 자유에서 나오는 자신감과 여유로움을 닮고 싶어서다. 고급 레스토랑에서 가격을 보지 않고 원하는 요리를 주문하고, 자신이 좋아하는 일에 아낌없이 투자하며, 열심히 모아온 거액의 자산을 어려운 이웃들을 위해 기부하는 일 등이 그러하다. 경제적 자립을 이룬 이들은 돈에 구애받지 않고 자신이 추구하는 삶의 가치를 온전하게 실천할 수 있는 힘을 가진다.

주변 지인들만 봐도 그렇다. 경제적으로 자립한 친구들은 매사에 당당하고 자신감이 넘치며 인생의 주도권을 스스로 쥐고 있는 경우가 많다. 연애든 결혼이든 출산이든 다양한 선택지를 두고 자신에게 유리한 상황을 고른다. 마음에 여유가 있으니 주변 사람들을 대할 때도 긍정적인 기운을 퍼뜨린다.

반면 경제적으로 쪼들리는 사람은 항상 마음이 조급하고 불안하다. 자신을 챙길 여유가 없으니, 주변을 신경 쓸 여유는 더더욱 없다. 경제적으로 자신감이 없다는 것은 자기 삶의 주도권을 잡지 못한다는 것을 의미한다. 자본주의 사회에서 돈이 없으면 심리적·물리적으로 누군가에게 의존할 수밖에 없다.

예쁜 외모와 털털한 성격으로 남녀노소에게 인기 있는 한 지인이 있다. 20대 때의 그녀는 늘 당당하고 사랑스러웠으며, 남자들의 끊임없는 구애로 친구들의 부러움을 샀다. 그러나 30대에 들어선 지금, 그녀는 종종 나이를 먹는 게 무섭다고 한탄한다. 커리어를 쌓고 종잣돈을 모아야 할 20대에 외모 관리와 연애에만 에너지를 쏟았던 탓이다. 영원할 것 같았던 사랑이 끝나고, 결혼을 전제로 한 만남도 몇 차례 흐트러지자 그녀는 자신에게 남은 것이 없다고 토로했다. 나이는 들어가는데 내세울 만한 커리어가 없고, 통장잔고도 텅텅 비어 있어 두려움이 밀려온다고 했다. 그녀의 인생은 결국 10년 전 사회초년생 시절로 되돌아간 듯 보였다.

그로부터 1년 뒤, 그녀는 뒤늦게 투자 공부를 시작했다. 외환투자를 전문으로 하는 지인에게 직접 교육을 받으며 열심히 공부한 덕분에 결혼자금으로 충분한 종잣돈을 모았다. 결혼이 인생의 1순위였던 그녀는 지금 외환투자자라는 새로운 꿈을 꾸고 있다.

사람마다 추구하는 삶의 방식이 제각기 다르기 때문에 꼭 돈이 많아야 행복하다고 단정할 순 없다. 그러나 자본주의 사회에서 돈이 없다는 것은 자신의 의지대로 할 수 있는 것이 많지 않음을 의미한다. 돈에 끌려 다니지 않고 온전히 나 자신을 위한 삶을 살기 위해서는 통장잔고를 불리는 동시에 잔뜩 움츠러들었던 마음을 자신감으로 채워야 한다.

자산을 불리는 가장 기초적인 방법은 지출을 통제하고 꾸준히 저축하는 것이지만, 한 단계 더 나아가 금융과도 친해져야 한다. 급변하는 금융시장에서 각종 정보를 제대로 활용하지 못하면 돈을 불릴 수 있는 기회를 놓치고 결국 금융소외자로 남게 된다. 금융시장의 동향을 제대로 파악하고 자신에게 유리한 금융지식을 취사선택할 때 돈을 불리고 지배할 수 있는 능력을 키울 수 있다.

PART 3에서는 뉴노멀 시대를 살고 있는 오늘날의 금융소비자들이 필수적으로 알아야 할 금융정보와 통장 관리법에 대해 이야기한다. 카드·보험·예적금 등 금융상품을 효율적으로 이용하고, 내집 마련을 위해 저렴한 이자로 대출받으며, 연말정산 환급액을 최대로 돌려받는 방법들이다. 자신감의 9할은 통장잔고에서 나오고, 수북한 통장잔고는 금융지식을 토대로 빠르게 형성된다는 점을 기억하자.

부자들은 왜
통장 쪼개기를 할까?

　종잣돈을 모으기로 결심한 뒤 내가 가장 먼저 한 일은 '통장 쪼개기'였다. 통장 쪼개기란 지출 목적에 따라 통장을 여러 개로 나누고 일정금액을 이체해 따로 관리하는 방법을 말한다. 이 개념은 모든 재테크 책에서 강조할 만큼 중요하지만, 싱글 때는 통장을 여러 개로 쪼개는 일이 번거롭게 느껴져서 하지 않았다. 당시 나에겐 급여통장과 적금통장이 전부였고, 딱 통장 개수만큼 저축했다. 그러나 결혼과 동시에 소득과 지출이 2배로 늘어났고, 당장 갚아야 할 대출이 생겼으며, 현금성 자산을 따로 관리할 필요성이 커졌다. 이 모든 것을 한 통장에서 관리하기란 불가능에 가까웠다. 그렇게 자의 반 타의 반으로 통장 쪼개기를 시작했고, 결과적으로 많은 효과를 보았다.

통장쪼개기의 목적은 한 달간 벌어들인 소득을 목적별로 분류함으로써, 예산 내에서 합리적으로 소비하고 틈새 지출을 막는 데 있다. 이는 물건의 정리정돈을 위해 수납함을 이용하는 것과 같다. 한 상자에 물건이 뒤섞여 있으면 일일이 꺼내야만 확인할 수 있지만, 여러 칸으로 분류된 수납장에 정리하면 한눈에 보여 쉽게 찾을 수 있는 이치다. 그래서 통장 관리만 잘해도 가계부를 따로 쓸 필요가 없다고도 한다. 통장 쪼개기는 통장을 4개로 나누는 것이 기본이지만, 가계의 생활패턴에 따라 2~3개로 줄이거나 더 늘려도 무방하다.

통장을 쪼개면 돈이 보인다

급여통장+고정지출통장

급여통장이자 매달 가계 소득을 한데 모으는 통장이다. 매달 1일 부부의 수입을 급여통장으로 이체하고, 여기에서 생활비통장, 비상금통장, 저축통장 등 나머지 통장에 필요한 예산만큼 이체한다. 이때 급여통장은 잔액이 0원이 되는 게 정석이지만, 나의 경우 급여통장을 고정지출통장과 겸해 사용하고 있다. 월세·통신비·보험료 등 매달 고정적으로 나가는 지출은 급여통장에 남겨놓고, 비고정지출과 저축, 비상금만 다른 통장으로 이체시킨다. 급여통장은 가급적 주거래은행을 이용한다. 거래실적을 쌓기에 용이할 뿐 아니라 수수료·대출이자 등 금융혜택을 받는 데 유리하기 때문이다.

생활비통장(변동성 지출)

한 달치 생활비를 모아두는 통장이다. 식비·의복비처럼 마음먹기에 따라 줄일 수 있는 변동성 지출을 관리한다. 가계 소득이 늘지 않는 한, 생활비통장을 얼마나 잘 관리하느냐에 따라 저축률이 좌우되기 때문에 가장 신경 써서 관리해야 할 통장이기도 하다. 생활비통장에서 남은 잉여자금은 매달 말 비상금통장 또는 저축통장으로 옮겨가기 때문에 저축에 재미를 붙이기 좋다.

생활비통장은 예산을 너무 타이트하게 잡는 것보다 10~20%가량 여유 있게 잡고, 남은 돈을 저축하는 선순환 구조를 만드는 게 좋다. 잉여자금을 통해 조금씩 저축률이 늘어가는 모습을 보면서 반복적인 성취감을 맛볼 수 있다.

비상금통장

비상시를 대비한 긴급자금 통장이다. 실직, 병원비, 차 수리 등 예기치 못한 상황에 대비해 목돈 지출을 보완해줄 수 있는 자금을 관리한다. 비상금은 당장 쓰는 돈이 아닌 만큼 중요성을 간과하기 쉬운데, 오히려 생활비가 빠듯한 가정일수록 비상금을 별도로 빼둬야 한다. 그러지 않으면 급전이 필요할 때 저축상품과 투자상품을 해지하거나 급히 대출을 받아야 하는 일이 생기기 때문이다. 이럴 경우 약정된 이자를 받지 못할뿐더러, 해지에 따른 손실비용과 대출이자를 고스란히 떠안아야 한다.

비상금은 수시 입출금이 가능하고 하루 단위로 이자를 주는 CMA

통장에 묶어두고, 월 생활비의 3배 이상 모을 것을 권한다. 목표로 한 비상금이 모이면 잉여자금은 투자통장으로 이체한 뒤 저축과 투자를 병행한다.

투자통장

우리 집 자산을 불려줄 저축과 투자에 쓰이는 통장이다. 적금·청약·펀드 등에 매달 납입하는 비용을 투자통장에 이체해두고, 자동으로 빠져나가도록 한다. 그리고 어떤 일이 있어도 투자통장의 돈은 인출하지 않는다.

비상금통장이 생활비의 3배를 초과할 때는 잉여자금을 투자통장으로 이체하며, 생활비통장에서 쓰고 남은 잉여자금 또한 투자통장으로 이체한다.

<통장 쪼개기>

투자통장을 불리는 방법으로는 '저축 1·3·5 법칙'을 추천한다. 한 달에 세 번의 저축흐름을 만들어, 소득의 50% 이상을 모으는 방법이다. 매달 초 소득의 40~50%를 저축하고, 매달 중순 남은 생활비 가운데 10~20%를 추가로 저축하며, 매달 말일 잉여자금을 또다시 저축하는 시스템이다. 이렇게 하면 부담스럽지 않게 저축액을 늘려갈 수 있다.

잃지 않는 재테크의 시작,
적금에 대한 오해와 진실

이제 막 재테크를 시작했다면 당장 수익에 욕심내기보다는 '잃지 않는 재테크'를 원칙으로 삼는 게 좋다. 소득의 50%를 원금이 보장되는 상품에 성실하게 저축하면서 종잣돈 마련에 주력하는 것이다. 여기에 맞는 대표적인 상품이 적금이다. 사회초년생이든 신혼부부든, 누구나 한 번쯤은 적금에 가입해본 경험이 있을 것이다. 그러나 저축만 열심히 했지 적금이 어떤 원리로 굴러가는지, 왜 적금 만기가 되면 생각했던 것보다 이자가 줄어드는지, 하나의 금융기관에 얼마까지 부어야 예금자보호가 되는지 모르는 사람도 많다. 저축의 꽃 적금, 가입만 한다고 장땡이 아니다.

적금 금리부터 만기까지 제대로 알자

적금 이자 시스템 이해하기

만약 당신에게 1,200만 원의 종잣돈이 있다고 하자. 이 돈을 매달 100만 원씩 금리 4%짜리 적금에 1년간 붓는 것이 나을까, 아니면 금리 2.5%짜리 예금에 1,200만 원을 1년간 예치하는 것이 나을까? 결론부터 말하면, 금리 2.5%짜리 예금에 1,200만 원을 붓는 것이 이자를 훨씬 많이 받는다. 이때 적금은 세후 22만 원, 예금은 세후 25만 원이 이자다. 왜 이런 차이가 나는 걸까?

적금은 단리로 이자를 지급한다. 그래서 첫 달에 붓는 100만 원에만 온전히 4%의 이자가 붙는다. 두 번째 달에 붓는 100만 원에 대해서는 11개월간만 이자가 붙고, 세 번째 달에 붓는 100만 원은 나머지 10개월 동안만 이자가 붙는다. 마지막 달에 붓는 100만 원은 딱 한 달만 4%의 이자가 적용된다. 여기에 이자소득세 15.4%가 공제된다. 그래서 원금 1,200만 원에 대한 명목상 금리는 4%(48만 원)지만, 실제 손에 쥐는 금리는 1.83%(약 22만 원)다.

반면 예금은 처음에 납입한 1,200만 원에 대해 1년간 2.5%의 금리가 온전히 적용된다. 이자소득세를 적용해도 세후 이자만 2.1%(25만 원)가 넘는다. 1년간 붓는 원금 총액이 같다면, 적금보다 예금의 실효이자율이 더 높은 이유다. 결국 적금으로 손에 쥘 수 있는 이자는 생각보다 크지 않다. 이자율 0.1%p 차이에 집착하기보다 '종잣돈 마련'에 목적을 두고 월 저축액 자체를 늘리는 것이 효과적이다.

적금 금리 비교는 파인에서

금융기관별 예적금 금리는 금융감독원이 운영하는 금융소비자정 보포털 '파인(fine.fss.or.kr)' 내 '금융상품 한눈에' 코너에서 비교할 수 있다. 월 저축금액과 저축기간, 적립방식, 금융권역, 지역, 가입대상, 이자계산 방식 등을 선택하면 오늘자 기준으로 가장 금리가 높은 상 품을 찾을 수 있다. 세전 이자율과 세후 이자율, 최고 우대금리는 물 론 직접 선택한 몇몇 상품을 비교할 수 있도록 도식화되어 있다.

대개 시중은행보다는 저축은행 금리가 높고, 영업점에서 가입하는 상품보다 온라인 전용상품이 이자를 더 준다. 온라인 전용상품은 지 역에 구애받지 않고 자유롭게 가입 및 해지가 가능하므로 적극 활용 하자.

한 금융기관에 5천만 원 이내로

적금에 가입할 땐 이자를 포함해 예적금 잔액이 최대 5천만 원이 넘지 않도록 해야 한다. 만약 A은행 계좌에 이미 2천만 원의 잔고가 있고 새로운 적금을 붓는다면 3천만 원 내에서 끊어야 한다. 금융기 관이 파산 등의 사유로 고객에게 예금을 지급할 수 없는 경우, 예금 자보호법에 따라 예금보험공사가 한 금융기관당 원금과 이자를 포함 해 1인당 5천만 원까지만 보장해주기 때문이다. 5천만 원이 넘어가는 금액에 대해서는 보호를 받을 수 없다. 원금과 이자를 포함한 금액이 므로 금융사별로 약 4천만~4,500만 원 정도로 예탁해두는 것이 안전 하다.

저축은행 역시 5천만 원까지 예금자보호법이 적용된다. 저축은행은 시중은행보다 금리가 높지만 상대적으로 파산의 위험 등 안정성이 떨어지므로, 가지급금 상한선인 2천만 원 한도로 유지하는 것도 방법이다. 금융기관이 파산하더라도 2천만 원까지는 일시에 지급받을 수 있기 때문이다.

참고로, 예금자보호법을 적용받는 금융상품으로는 은행의 예·적금, 원금보전형 신탁, DC형 연금, 개인형 퇴직연금(IRP) 등과 증권사의 예탁금, 원금보전형 신탁 등이 있다.

특판상품 정보는 재테크 카페에서

은행들은 신규 고객을 유치하기 위해 우대금리를 제공하는 특판 예·적금을 수시로 판매한다. 그러나 특판상품은 금리 비교 사이트에서 찾을 수 없기 때문에 재테크 커뮤니티 카페나 지역 카페에서 손품을 팔아 정보를 찾아야 한다.

적금은 2~3개 이상 쪼개서 가입하자

국내은행의 적금 중도해지 비율은 무려 40%가 넘는다고 한다. 즉 10명 중 4명은 적금을 유지하지 못하고 중도에 깬다는 말이다. 그래서 적금에 가입할 때는 목돈을 한 번에 붓는 것보다, 금액을 여러 단위로 쪼개고 가입기간도 다르게 하는 것이 좋다. 100만 원짜리 적금 하나를 가입하는 것보다, 50만·30만·20만 원짜리 적금 3개에 나눠 가입하는 것이다. 그러지 않으면 실직, 사고 및 질병, 경조사 등 예기치 못한 일이 발생했을 때 가입해둔 적금을 해지해야 한다. 적금을 쪼개서 가입해두면 급전이 필요할 때 적금 중 일부만 해지하면 되므로 손해를 조금이나마 줄일 수 있다. 적금은 중도해지해도 원금손실이 일어나지 않지만, 오히려 이 때문에 강제성이 약해져 목표 달성이 요원해질 수 있다는 점을 기억하자.

적금은 만기되는 날 바로 찾자

적금은 만기가 되는 날 바로 찾아야 한다. 적금에 가입할 때 적용받았던 금리는 오직 만기 때까지만 유지되기 때문이다. 만기 다음 날부터는 0.1~0.3% 정도의 아주 낮은 금리가 책정된다. 따라서 만기 날짜를 반드시 기억해두고 당일에 인출하는 것이 좋다. 미리 '적금 자동 해지 서비스'를 신청해두면 굳이 은행을 찾아가거나 인터넷 뱅킹을 하지 않아도 만기 당일 자동 해지되어 통장에 입금된다. 또한 '자동 재예치 서비스'를 신청하면 원금 또는 원금과 이자를 동일 상품으로 재예치할 수도 있다.

금융권에 흩어져 있는
'숨은 내 돈 찾기'

　세탁물을 정리하다 가끔 옷 주머니에서 1만 원짜리 지폐를 발견할 때가 있다. 그럴 때는 분명 내 돈인데도 불구하고 마치 보물찾기에 당첨된 것처럼 하루 종일 기분이 좋다. 금융·주식거래에서도 이 같은 보물찾기의 행운을 누릴 수 있다. 금융당국에 따르면 예금·보험금·증권 등 소유자가 찾아가지 않아 잠자고 있는 돈이 1조 4천억 원에 육박한다. 팍팍한 살림살이에 한 푼이 아쉬운 요즘, 생각지도 못했던 돈이 계좌에서 잠자고 있다면 어떨까? 계좌 개설 뒤 오랜 기간 방치해두었거나, 장기간 사용하지 않아 사라진 계좌가 있을 수 있으니 지금 바로 '휴면계좌 조회서비스'를 통해 소중한 자산을 되찾자.

　금융소비자정보포털 '파인(fine.fss.or.kr)'에 접속한 뒤, '잠자는 내 돈 찾기'에서 찾고 싶은 금융상품을 클릭하면 금융권에 흩어져 있는 돈을 한 번에 조회할 수 있다.

꽁꽁 숨어 있는 내 돈, 여기에서 찾자

은행 휴면예금 찾기

본인의 휴면예금과 신탁을 포함한 모든 은행계좌를 조회할 수 있다. 1년 이상 이용하지 않은 계좌나 5년 이상 만기가 경과한 불특정 금전신탁 등이 대상이다. 이 중에서 1년 이상 거래가 없고 50만 원 이하인 계좌는 잔고 이전 및 해지할 수도 있다. (50만 원 이하 잔고는 '어카운트인포' 앱을 통해 바로 휴면예금을 조회하고 예금을 찾을 수 있다.)

'잠자는 내 돈 찾기'에서 '은행 휴면예금 신탁' 클릭 → 계좌통합조회 선택 및 정보제공 동의 → 정보입력 화면으로 이동해 주민등록번호를 입력 → 공인인증서 인증 및 휴대폰 인증 후 조회

저축은행 휴면예금

예금 만기 후 청구권 소멸시효가 완성된 본인 명의의 저축은행 휴면예금을 조회할 수 있다.

'잠자는 내 돈 찾기'에서 '저축은행 휴면예금'을 클릭 → 성명·주민

등록번호 입력 → 공인인증서 인증 후 조회

협동조합 휴면예금

수협·신협·새마을금고·산림조합 등 상호금융조합에 가입했다가
탈퇴했다면 조회를 통해 출자금·배당금을 돌려받을 수 있다.

'잠자는 내 돈 찾기'에서 '협동조합 휴면예금' 클릭 → 각 중앙회 홈
페이지 접속→ 각 중앙회 인터넷뱅킹에서 본인 인증 → 계좌 조회
(휴면계좌 조회) 선택한 뒤 휴면예금 및 공제금 조회

휴면보험금

국민이 찾아가지 않은 돈 중에 가장 큰 비중을 차지하는 것이 보험
금이다. 보험사들이 보험을 찾아가라는 연락을 만기 직전 우편으로
만 알리기 때문이다. 보험료 미납으로 실효된 보험금도 포함된다.

'잠자는 내 돈 찾기'에서 '휴면보험금' 클릭 → '휴면계좌 조회하기'
에서 성명·주민등록번호 입력 → 공인인증서 인증 후 조회

휴면성 증권

최근 6개월간 거래가 없는 10만 원 이하 휴면성 증권계좌가 대상
이다.

'잠자는 내 돈 찾기'에서 '휴면성 증권' 클릭 → 증권사 선택 후 성명·주민등록번호 입력 → 공인인증서 또는 휴대폰 인증 후 조회

미수령 주식

유·무상증자로 주식이 추가로 발생했음에도 제대로 통지받지 못해 찾아가지 못한 주식은 한국예탁결제원이 보관한다. 조회 후 미수령 주식이 있다면, 신분증과 증권회사 카드를 지참해 예약결제원 본원이나 지원을 방문하면 주식을 수령할 수 있다.

'잠자는 내 돈 찾기'에서 '미수령 주식' 클릭 → 주민등록번호 입력 → 범용공인인증서 또는 휴대폰 인증 후 조회

카드 포인트 조회

신용카드 적립 포인트와 잔여 포인트, 소멸 예정 포인트, 소멸시기 등을 한 번에 조회 가능하다.

'잠자는 내 돈 찾기'에서 '카드 포인트' 클릭 → 성명·주민등록번호 입력 → 카드사 선택 후 조회

예금보험공사 미수령금

금융회사 파산 시 고객이 찾아갈 수 있음에도 몰라서 챙기지 못한 예금보험금, 파산배당금, 개산지급금 정산금 등을 돌려받을 수 있다.

'잠자는 내 돈 찾기'에서 '파산금융기관 미수령금' 클릭 → 성명·주민등록번호 입력 및 공인인증서 인증 후 조회 → 미수령금 통합조회내역에서 금융기관명 및 지급가능금액 조회 → '신청하기' 클릭 후 입금계좌 등 정보 입력 → 본인 명의 공인인증서 및 휴대폰 인증

미환급 공과금

국세, 지방세, 보관금 및 송달료, 유료방송 미환급금, 통신 미환급금, 건강보험료, 국민연금보험료, 고용산재보험료 등 공과금 8종에 대해 잘못 납부한 금액을 환급 신청할 수 있다.

'잠자는 내 돈 찾기'에서 '미환급 공과금' 클릭 → '민원24의 미환급금 찾기'에서 '미환급금 찾기 시작' 선택 → 성명·주민등록번호·사업자등록번호 입력 후 '미환급금 유무 확인' 선택 → 공인인증서 인증 후 조회 → 환급신청 선택해 미환급금 일괄신청 → 환급받을 은행계좌 등록 및 공인인증서 인증

신용카드도 전략적으로
쓰면 득이 된다

　재테크를 하는 데 신용카드는 지양해야 할 결제수단으로 취급받는다. 한 번 쓸 때마다 지출 체감이 큰 현금과 달리 아무런 통제 없이 과소비하기 쉬워서다. 그러나 현재 우리는 카드 한 장으로 원하는 모든 것을 살 수 있는 금융생활권에 살고 있다. 심지어 100원짜리 사탕 하나도 카드결제가 가능한 세상이다.

　신용카드를 아무런 계획 없이 마음 내키는 대로 긁으면 독이 되지만, 꼭 필요한 곳에 알맞게 쓰면 훌륭한 재테크 수단이 된다. 특히 신용카드는 할인과 포인트 적립 외에도, 카드결제 후 대금 납입까지 일정기간을 유예시키는 '신용공여' 기능이 있다. 이왕 쓰는 신용카드, 꼭 필요한 곳에만 전략적으로 쓸 수 없을까?

결제일은 매달 13~15일로 설정하기

여러 장의 카드를 사용하고 있다면 결제일은 같은 날로 통일시키는 것이 좋다. 지출흐름을 한눈에 파악할 수 있고, 카드 관리에 유용하기 때문이다. 카드사마다 다르지만, 보통 매달 13~15일을 결제일로 지정하면 전월 1일부터 말일까지의 카드 사용분이 결제된다. 카드가 여러 장이어도 매달 비슷한 날짜에 결제되므로 이에 맞춰 소비를 조절할 수 있다. 결제계좌도 이왕이면 하나로 통일하자.

고가 상품은 월초에 결제하기

카드사가 제공하는 혜택 중 '신용공여'가 있다. 개인의 신용을 담보로 돈을 빌려주고, 일정기간 상환을 유예하는 기간을 말한다. 신용공여 기간을 최대로 늘리는 방법은 되도록 매달 초에 결제하는 것이다. 예를 들어 결제일이 매달 14일일 때, 8월 초에 100만 원짜리 상품을 구매하면 실제 카드값 납부시기는 45일 후인 9월 14일이 된다. 이때 신용공여 기간은 45일이다. 이를 연이자 1.25%의 CMA통장에 맡긴다고 가정하면 1,560원의 이자가 발생한다.

큰 차이는 아닐지라도 이러한 습관들이 쌓이면 매년 카드 연회비를 낼 수 있는 자투리 돈이 만들어진다. 카드사에 갚아야 할 돈으로 일시적 이자를 발생시킬 수 있는 기회를 마다할 이유가 없다.

월 할인한도 확인하기

의외로 많은 사람들이 고작 몇천 원의 할인을 받고자 수십만 원의 월간 실적을 채운다. 그러나 아무리 할인 혜택이 큰 신용카드도 월 할인한도는 정해져 있다. 적게는 1만~2만 원, 많아도 5만 원 내외다. 내가 사용하는 C카드는 외식, 쇼핑, 주유, 의료 등 다양한 분야에서 할인되지만, 월평균 30만 원 지출 시 월 통합 할인한도는 2만 5천 원, 분야별 할인한도는 1만 5천 원에 불과하다. 실제로 지난 9년간 C카드를 사용하면서 내가 받은 할인 혜택은 월평균 몇천 원 수준이었다. 따라서 관리비, 주유비 등 꼭 필요한 생활비를 지출할 목적으로 카드를 사용하는 것이 아니라면, 월간 실적을 채우기 위해 새로운 지출을 만드는 일은 삼가야 한다.

할부 수수료율 확인하기

할부 구매가 꼭 필요한 상황인데 무이자 할부가 불가하다면, 무작정 유이자 3개월, 6개월로 끊기보다 할부 개월 수를 전략적으로 조정할 필요가 있다. 카드사 할부 수수료는 적게는 8~9%, 많게는 20%에 달한다. 할부 개월 수가 늘어날수록 이자율도 비례해 높아진다. 그러나 할부 구간별로 적용되는 이자율을 제대로 체크하면 같은 이자율로 할부 기간을 늘릴 수 있다.

결과적으로 3개월 할부보다는 이자율이 낮은 2개월 할부가 낫고, 같은 이자율이 적용되는 3~5개월 구간에서는 4개월 할부보다 5개월 할부가 유리하다. 카드사마다 할부 구간과 이자율이 다르므로 자신

<W카드사의 카드 할부수수료>

할부 개월 수	2개월	3~5개월	6~12개월	13~18개월	19~36개월
이자율	9.5~15.5%	14.5~19%	16.5~19.5%	17~19.5%	18~19.5%

이 소지한 신용카드 가운데 이자율이 가장 저렴한 카드로 할부 결제하는 것도 방법이다.

무이자 할부의 함정

요새는 홈쇼핑, 온라인몰 등 많은 가맹점에서 카드 무이자 할부가 가능하다. 카드사에 이자 한 푼 내지 않고 수개월간 카드값을 나눠서 낼 수 있다. 일시불로는 꿈도 못 꿀 고가의 상품도 무이자 할부가 붙으면 저절로 지갑을 열게 된다. 그러나 카드사는 자선기관이 아니다. 무이자 할부로 구매한 비용은 전월 실적에 포함되지 않는 데다, 포인트 적립에서 제외되는 경우도 태반이다.

신용카드 뒷면에 서명하기

신용카드 뒷면 서명란을 대수롭지 않게 여기며 비워놓는 사람들이 많다. 그러나 신용카드 뒷면 서명은 카드 분실이나 도난사건이 발생했을 때 카드사로부터 '부정사용분'을 돌려받을 수 있는 최소한의 안전장치다.

카드결제 요청을 받는 점주가 부정거래 당시 카드 뒷면 서명과 본인 일치 여부를 확인하지 않았다면 배상 책임은 점주에게 있고, 카드 뒷면 서명과 실제 서명이 같음에도 불구하고 부정거래가 일어났다면 시스템 관리를 소홀히 한 카드사에 배상 책임이 있다. 그래서 카드 뒷면 서명만 제대로 해놓고, 실제 결제할 때 뒷면 서명과 같은 서명으로 결제한다면 행여 카드가 분실되어 부정사용이 일어나도 소비자는 재산상 손해를 입지 않는다.

그러나 카드 뒷면에 서명이 없을 경우 부정거래액 전부 또는 일부를 배상받지 못하며, 이에 따른 책임도 소비자가 진다. 카드를 발급받는 즉시, 혹은 지금이라도 카드 뒷면에 서명해두고 사진을 찍어 증거를 남기자.

신용카드 연말정산 혜택 챙기기

신용카드 사용액은 연말정산 소득공제 대상이다. 근로소득의 25%를 초과해 사용한 경우 연 300만 원 한도 내에서 신용카드는 15%를, 체크카드는 30%를 소득공제 해준다. 예를 들어 근로소득이 4천만 원이고 1년간 신용카드 2천만 원을 사용했다면, 연봉의 25%(1천만 원)를 초과한 나머지 1천만 원에 대해 15%인 150만 원이 소득공제된다.

> **신용카드 사용에 도움 되는 사이트**
> - **카드고릴라**: www.card-gorilla.com
> - **뱅크샐러드**: banksalad.com

신용카드 포인트,
현금으로 돌려받기

　신용카드의 가장 큰 혜택 중 하나가 포인트 적립이다. 과거에는 포인트가 쌓여도 활용처가 많지 않고 사용에 제약이 따랐지만, 최근엔 포인트로 쇼핑을 하거나 항공권을 발권할 수 있고, 심지어 세금 납부, 카드값 결제, 기부도 할 수 있다.

　카드 사용이 대중화되면서 매년 쌓여가는 포인트도 넘친다. 그러나 일일이 확인하기 귀찮다는 이유로 포인트를 방치하거나, 사용법을 몰라 소멸되는 포인트가 적지 않다. 금융감독원에 따르면 매년 소멸되는 카드 포인트는 약 1,300억 원 수준이다.

　포인트는 신용카드를 사용한 대가로 돌려받는 소비자의 권리다. 흩어져 있는 카드 포인트를 점검하고 현금처럼 활용해보자.

1단계: 카드 포인트를 한 번에 조회하기

카드사에 일일이 전화하거나 홈페이지에 접속할 필요 없이 '파인 (fine.fss.or.kr)' 또는 여신금융협회 사이트 내 '카드포인트 통합조회 (www.cardpoint.or.kr)'를 이용하면 전 카드사에 흩어져 있는 포인트를 한 번에 확인할 수 있다. 회원가입 및 공인인증서도 필요 없이 이름 과 주민등록번호만 입력하면 된다.

> **포인트 조회 절차**
> 1. 파인 또는 카드포인트 통합조회 사이트에 접속한다.
> 2. 이름과 주민등록번호를 입력한 후 사용 중인 카드사를 선택한다.
> 3. 카드사별로 적립 포인트, 소멸 예정 포인트, 포인트 이용안내 등을 확인한다.
> 4. '포인트 이용안내' 바로가기를 클릭해 포인트를 어디에서 사용할 수 있는지 체크 한다.

2단계: 포인트 사용하기

포인트를 활용하는 방법은 항공 마일리지 전환, 연회비 및 카드값 납부, 가맹점 결제, 세금 납부, 현금으로 돌려받기 등 다양하다. 카드 사에 따라 서비스하지 않는 항목도 있으므로 사용 전에 확인하자.

항공 마일리지 적립

항공사와 연계된 마일리지 전용 신용카드를 사용하거나, 카드사 포인트를 쌓아 항공 마일리지로 전환할 수 있다. 나의 경우 1년 4개월 간 하나 크로스마일카드(2019년 기준 신규발급 중단)를 쓰면서 3만 마일 리지를 쌓았고, 이를 아시아나항공 마일리지로 전환해 도쿄 왕복항 공권을 끊었다. 현금으로 환산하면 약 30만 원을 돌려받은 셈이다.

연회비 및 카드대금 납부

카드사에 매년 납부하는 연회비와 할부이자 수수료, 또는 결제 예정 카드대금을 포인트로 결제할 수 있다. 카드사 홈페이지나 앱에서 결제대금을 낼 때 포인트 납부를 선택하면 된다.

카드사 쇼핑몰 및 가맹점 결제

카드사에서 운영하는 온라인 포인트몰에서 생활용품 등을 구입할 수 있다. 2017년 4월부터 현대카드를 제외한 모든 카드사에서 가맹점 결제 시 포인트 100% 결제도 가능해졌다. 과거에는 결제금액의 20~50% 수준에서 포인트를 사용할 수 있었지만 앞으로는 이에 관계없이 자유롭게 쓸 수 있다.

세금 납부

국세청의 '신용카드 포인트 국세납부 제도'에 따라 지로통합납부 사이트인 '카드로텍스(www.cardrotax.or.kr)'에서 부가가치세, 양도소득세 등 모든 국세를 카드 포인트로 납부할 수 있다. 한국전력 사이버지점 (www.cyber.kepco.co.kr)에서 포인트로 전기요금도 낼 수 있다.

현금으로 돌려받기

신한·국민·우리·하나은행 등 은행계 카드사를 중심으로 카드 포인트를 현금으로 돌려주는 서비스가 운영 중이다. 일정 이상의 포인트가 쌓이면 ATM에서 현금으로 인출하거나 통장으로 옮길 수 있다. 이 외에도 예·적금, 보험상품에 가입하거나 자사 기프트카드로 교환해 사용할 수 있다.

3단계: 카드 해지 시 연회비·포인트 환급받기

차곡차곡 쌓인 포인트를 제대로 쓰지도 못하고 부득이하게 카드를 해지하거나 탈회하는 경우, 그동안 쌓인 포인트는 어떻게 지킬 수 있을까? 카드사와 모든 거래를 끊는 '탈회'는 신청과 동시에 포인트가 사라지지만, 카드 사용만을 중단하는 '해지'는 포인트를 그대로 쓸 수 있는 경우가 많다. 가급적 해지하기 전에 적립된 포인트를 소진하되, 못 썼다면 해지 후라도 자사 포인트몰에서 사용하면 된다. 카드사마다 정책이 조금씩 다르므로 해지나 탈회 전에 사전 문의하자.

해지와 함께 포인트가 소멸되는 경우라면 '최소 이용금액'을 살펴본다. 예를 들어 A카드사는 포인트 최소 이용금액이 1천 점, B카드사는 5천 점 이상이라고 했을 때, 내 포인트가 3천 점이라면 A카드사에서는 해지 전 포인트를 쓸 수 있지만, B카드사에선 3천 점을 고스란히 날려야 한다.

항공 마일리지 특화카드의 경우 항공사로 마일리지 이관이 끝났는지도 확인한다. 보통은 카드결제와 동시에 본인이 지정한 항공사 마일리지로 적립되지만, 몇몇 카드는 자사 포인트로 먼저 적립한 뒤 고객의 요청이 있을 때 항공 마일리지로 전환해주고 있다.

신용카드 포인트 선지급 서비스의 함정

고객에게 포인트를 선지급한 뒤 결제금액의 일부를 할인해주는 '포인트 선지급 서비스(세이브포인트)'는 소비자에게 유리해 보이지만 실상은 할부판매 혹은 가불과 다름없다. 소비자는 카드사로부터 포인트 대출을 받은 뒤 약정기간 동안 카드실적을 채우면서 포인트를 상환해야 한다.

예를 들어 100만 원짜리 TV를 사는 데 포인트 50만 점을 선지급받고 나머지 50만 원만 결제했다면, 향후 1~3년간 카드실적에 비례해 발생하는 포인트로 50만 원을 갚는 것이다. 카드대금의 1%가 포인트로 쌓인다고 가정할 때, 향후 3년간 포인트 50만 점을 갚기 위해 매달 긁어야 할 카드대금은 평균 130만 원이 넘는다. 당장은 들어가는 돈이 없어 혜택을 받는 것 같지만, 3년 내내 카드가 족쇄가 되어 필요 이상의 소비를 하게 된다.

결제금액을 채우지 못하거나 3개월 이상 미납될 땐 미상환액을 일시에 토해내야 하는 부담도 따른다. 이러한 함정을 모르고 포인트를 선지급받았다가, 카드실적을 채우지 못해 현금으로 포인트를 상환하는 사람들이 상당히 많다. 포인트 선지급 서비스를 이용하려면 본인의 월평균 카드 사용액, 소지한 카드 수, 약정기간, 할부수수료 등을 감안해 신중하게 선택해야 한다.

잘 모르면 손해 보는 보험,
저렴하게 가입하기

보험은 미래에 있을 잠재적 위험에 대비하는 최소한의 안전장치다. 상해·질병·사망 등 예기치 않은 상황이 발생했을 때 경제적 빈곤을 막아주고, 현재의 안정된 삶을 이어갈 수 있도록 해준다.

누구나 보험의 필요성에 대해서는 공감한다. 그러나 정작 자신의 보험상품을 제대로 알고 있는 사람은 드물다. 한번 가입하면 10년 이상 유지해야 하고, 부담하는 총 보험료가 웬만한 차 한 대 값인데도 불구하고 보험이 어렵고 복잡하다는 이유로 꼼꼼히 살펴보지 않는다. 설계사의 권유에 못 이겨 굳이 없어도 될 상품에 가입하기도 하고, 무리해서 여러 개에 가입했다가 비싼 보험료를 부담하지 못해 해지하기도 한다.

보험연구원에 따르면 2016년 보험 해지환급금 규모는 사상 최고치인 20조 원을 넘었다. 응답자의 70%는 "장기불황 탓에 보험료 납입이 어렵고 목돈이 필요해서 보험을 해지한다."라고 답했다. 자신의 가계상황과 소득수준을 고려하지 않은 '묻지마 보험 가입'이 가져온 결과다. 보험은 아무리 비슷한 보장범위를 갖추더라도 보험사의 운용방식이나 사업비, 갱신·비갱신형 차이에 따라 보험료가 천차만별이다. 예상 경제활동 기간, 은퇴 후 소득 등 자신의 생애주기를 고려해 똑똑하게 가입하는 혜안이 필요하다.

보험, 손해 보지 않고 가입하는 노하우

해지환급금 비율 확인하기

보험은 한번 가입하면 최소 5~30년간 유지해야 하는 대표적인 장기상품이다. 운용원리나 수익구조가 장기에 맞춰져 있다 보니 시간의 프리미엄을 잘 활용하면 득이 되지만, 중도해지할 경우 자신이 부은 원금보다 돌려받는 해지환급금이 훨씬 적어 손해다. 종신보험과 보장성보험은 최소 10년 이상 부어야 원금을 찾을 수 있고, 가입 후 3년 이내에 해지하면 돌려받을 원금이 없거나 30% 이하로 줄어든다. 따라서 보장범위가 비슷한 상품이라면 '해지환급금 비율'이 높을수록 좋다.

해지환급금 비율은 보험가입 후 경과되는 시간에 따라 받을 수 있는 환급금을 명시한 비율로, 상품 가입설명서에 기재되어 있다. 납입기간을 채우지 못할 때를 대비해 원금을 돌려받을 수 있는 시점이 언제인지 정도는 체크해두자.

총 보험료, 소득의 10%를 넘지 않기

전문가들이 권하는 소득 대비 보험료 비율은 7% 내외다. 10%를 넘어가면 소득이 끊겼을 때 보험을 유지하기 어려워 해지하는 일이 발생하고, 보험료가 너무 적으면 보장내용이 허술할 가능성이 있다. 특히 여성의 경우 출산, 육아 등으로 일시적 경력 공백이 생기기 때문에 외벌이가 되는 상황을 가정해 감당할 수 있는 선에서 보험료를 산정할 필요가 있다.

보험금 지급제한사유 알아두기

보험에 가입할 때는 향후 질병·사고 발생 시 받게 될 보험금에만 관심이 쏠리기 마련이다. 그러나 상품마다 보험금이 지급되지 않는 몇몇 사유가 있으므로 주의해야 한다. 이를 '보험금 지급제한사유' 혹은 '면책사유'라고 한다. 예를 들어 보험 가입 후 90~365일 이내에 발생한 사고, 보험 당사자(계약자-수익자) 간에 발생한 사고, 최근 2년 내에 입원 및 수술한 이력이 있는 자가 사전 고지하지 않은 경우 보험금 지급이 거부되거나 감액 지급된다. 심할 경우 보험계약이 해지될 수도 있다. 이러한 내용을 모르고 덜컥 가입했다가 정작 사고가 발생했을 때 보험금을 받지 못하는 사례가 적지 않으므로 미리 확인한다.

경제활동 기간 고려해 갱신·비갱신형 선택하기

보장범위와 납입기간이 비슷한데 보험료 차이가 큰 보험들이 있다. 이는 '갱신형'과 '비갱신형'의 차이다. 갱신형은 가입 당시 보험료가 저렴한 반면, 시간이 지날수록 가입자의 위험도(연령 증가)가 올라가 보험료가 비싸진다. 만약 은퇴 후 소득이 없는 상태에서 갱신형 보험을 유지할 경우 경제적 부담이 커질 수 있다. 반면 비갱신형은 처음 가입할 때 보험료가 비싸지만 한번 가입하면 납입기간 내내 보험료가 같다. 갱신형과 비갱신형 중 딱히 무엇이 더 좋은 상품이라고 말하기 어렵다. 자신의 경제활동 기간과 보험료 납입기간을 고려해 선택하자. 은퇴시기를 예상하기 어렵다면 한 살이라도 어릴 때 보험료 부담을 끝내는 것이 좋다. 최근엔 중도해지시 돌려받는 환급금이 없는 대신 사업비가 저렴한 보험들도 속속 나오고 있다. 중도해지 없이 만기를 채울 수 있다면 같은 보장이라도 보험료를 더 줄일 수 있다.

'보험가격지수'로 보험 가성비 따지기

모든 보험상품에는 설계사 수당, 운영비 등 보험을 운용하기 위해 필요한 사업비가 포함되어 있다. 10만 원짜리 보험에 가입하면 이 중 1만~2만 원은 사업비로 떼고 나머지 8만~9만 원을 투자하는 구조다. 연 3% 확정이율을 보장하는 보험이더라도 사업비를 뗀 나머지 금액에만 이자가 붙는다. 가성비가 좋은 보험이란 결국 보험료에서 차지하는 사업비 비율이 낮은 보험이다. 이를 확인할 수 있는 지표가 바로 '보험가격지수'다.

보험가격지수는 자신이 가입한 상품의 보험료가 업계 평균과 비교해 얼마나 높은지, 낮은지를 알려준다. 지수가 100보다 높으면 업계 평균보다 비싸고, 100보다 낮으면 평균보다 저렴하다는 것을 의미한다. 보장범위와 기타 조건이 같다고 가정할 때, A보험의 보험가격지수는 110%, B보험의 보험가격지수는 95%라면 B보험의 가성비가 좋은 것이다. 자신이 가입하려는 상품의 보험가격지수 확인은 생명보험협회 및 손해보험협회 홈페이지에서 '공시실 - 상품비교공시 - 보험종류(보장성, 저축성) 선택 - 상품 비교표'를 참고하면 된다.

해지는 신중하게, 급할 땐 보험계약대출로

급전이 필요한 상황이 발생하더라도 보험해지는 최후의 수단으로 보류하는 것이 안전하다. 경제적으로 어려울수록 질병과 사고 발생 시 삶이 송두리째 흔들릴 수 있기 때문이다. 이런 상황에서 보험을 깨면 잠재적 위험에 대비할 수 있는 최소한의 안전판이 사라지는 것과 같다. 향후 같은 조건으로 보험 가입이 어려울 수도 있다. 보험사는 가입자의 위험요소에 따라 보험료를 결정하는데, 나이가 들수록 질병과 사고에 취약하기 때문에 더 많은 보험료를 내야 한다.

일시적으로 돈이 필요하다면 해지 대신 보험계약대출을 이용하는 편이 낫다. 보험계약대출(약관대출)은 보험의 보장은 그대로 받으면서 해지환급금 범위(50~95%) 내에서 대출받을 수 있는 제도다. 대출이 연체되더라도 신용도에 영향을 미치지 않고, 중도상환 수수료 없이 수시 상환할 수 있다. 보험사에 전화로 24시간 신청이 가능하다.

일시적 잔고 부족 시 '자동대출납입' 이용하기

통장에 일시적으로 잔고가 없어 2회 이상 보험료를 내지 못할 경우 '자동대출납입 제도'를 활용하자. 해지환급금 잔액 내에서 자동으로 보험료가 빠져나가 보험계약이 해지되는 것을 막는다. 단, 자동대출납입 제도는 1차 미납 후 납입최고기간(보험사가 납입을 독촉하는 기간)이 지나기 전에 신청해야 자동 해지를 막을 수 있다. 납입최고기간은 보통 14일 이상이다.

저축성보험은 '추가납입 제도' 활용하기

노후준비 자금으로 저축성보험 가입을 고려 중이라면 '추가납입 제도'를 적극 활용한다. 모든 보험료에는 사업비가 포함되지만, 추가납입분에 대해서는 2% 내외의 계약 관리비용만 부과하기 때문이다. 추가납입 한도는 보통 가입금액의 2배까지다. 20만 원짜리 저축성보험에 가입했다면 40만 원까지 추가 납입할 수 있다.

2명의 직장인이 각각 30만 원짜리 연금보험에 가입했다고 가정해보자. A는 가입 당시 30만 원짜리 개인연금에 가입했고, B는 10만 원짜리 개인연금에 가입한 뒤 20만 원을 추가 납입했다. 이때 A는 보험료 30만 원에서 사업비 10%(3만 원)가 떼인다. B는 보험료 10만 원에서 사업비 10%(1만 원)가 떼인 후, 추가납입 20만 원에 대한 계약관리비용 2%(4천 원)가 추가로 떼인다. 두 사람은 같은 보험료의 연금상품에 가입했지만 보험사에 부담하는 수수료는 2배 넘게 차이가 난다. 10년 후 B가 돌려받는 환급액도 145만 원 더 많다.

보험에 신규 가입할 생각이라면 추가납입 기능을 염두에 두고 계획보다 보험료를 낮춰 가입한 뒤 추후 보험료를 늘리는 것이 유리하다. 이미 저축성보험이 있는데 추가로 가입하고자 한다면, 기존에 가입해 둔 저축성보험의 추가납입 제도를 활용하는 것이 수수료 부담을 줄이는 길이다.

알아두면 좋은 보험정보 사이트

- **금융감독원 파인**: fine.fss.or.kr
- **보험다모아**: www.e-insmarket.or.kr

대출에도 순서가 있다,
최저금리로 대출받기

부채도 자산으로 인정받는 시대다. 실제로 자산가들 대부분은 대출을 지렛대 삼아 공격적으로 자산을 불린다. 금리가 낮고 물가가 오를 때는 돈을 묶어놓는 것보다 위험을 감수하고서라도 빚을 내 투자하는 것이 유리하기 때문이다. 상황에 따라 갭투자, 무피투자(투자금이 하나도 들어가지 않은 경우)도 가능하다.

그러나 자신의 소득수준을 고려하지 않고 무리하게 돈을 빌리면 언제 터질지 모르는 이자폭탄을 안고 사는 것과 다름없다. 한국은행에 따르면 2018년 12월 기준 가구당 부채는 7,770만 원으로 가파른 증가세를 보이고 있다. 만약 한 번의 잘못된 판단으로 투자에 실패하거나, 글로벌 경제위기 등 대내외 상황이 급변해 단기간에 금리가 오르면 파산에 이를 수도 있다. 특히 금리 상승기에는 예·적금 금리보다 대출금리가 빠르게 오르는 만큼 저축을 늘리는 것보다 빚을 줄이는 게 먼저다. 자산이 늘어나는 속도보다 부채가 늘어나는 속도가 훨씬 빠르기 때문이다.

이처럼 부채는 잘만 이용하면 자산을 불리는 좋은 수단이 되지만, 과도하면 고통이 따른다. 빚, 피할 수 없다면 줄여야 한다. 최저금리로 대출받고 저금리로 갈아타는 빚테크 전략을 소개한다.

이자 부담을 줄이는 빚테크 전략

주거래은행에서 우대금리 받기

대출금리는 한국은행이 발표하는 기준금리와 은행이 내부적으로 결정하는 가산금리가 더해져 산정된다. 가산금리는 은행의 예상 손실과 이익률, 고객의 거래실적 등을 고려해 결정되는데, 은행별로 내부 기준이 다르다. 신용등급이 같아도 은행마다 대출금리가 다른 이유가 여기에 있다. 은행은 가산금리를 산정할 때 급여이체, 카드 사용, 자동이체 등의 실적이 있으면 우대금리를 적용한다. 따라서 대출을 받을 땐 평소 거래실적이 있는 주거래은행을 이용하는 것이 금리를 낮추는 데 유리하다. 거래 중인 은행 2곳 이상을 방문해 가산금리를 비교해보자.

인터넷은행 이용하기

과거에는 대출을 받으려면 시중은행에 직접 가야 했지만, 2017년부터 K뱅크와 카카오뱅크 등 인터넷은행이 등장하면서 이젠 온라인 접속만으로도 대출이 가능하다. 특히 인터넷은행은 지점 운영비용이 들지 않아 시중은행보다 고객들에게 돌려주는 우대금리 혜택이 크다. 은행연합회에 따르면 주요 5대 시중은행(신한·국민·우리·하나·농협은행)의 마이너스통장 대출 평균금리는 3.95%지만, 카카오뱅크는 최저 3.17%, 케이뱅크는 3.37%부터 시작한다(2019년 4월 기준).

신용등급 3등급 이상 유지하기

대출금리를 결정짓는 잣대가 신용등급이다. 이 등급에 따라 대출 가능 여부, 대출한도, 금리수준이 결정된다. 같은 은행에서 3천만 원을 빌려도 신용등급 1등급(2.5%)과 7등급(11%)의 이자율 차이는 8%p가 넘는다. 7등급 대출자는 매년 255만 원을 이자로 더 내야 한다. 금리상승기에 진입할수록 체감하는 금리 차는 더욱 커진다.

신용등급은 단기간에 올릴 수 없기 때문에 평소에 꾸준히 관리해야 한다. 가장 쉬운 방법은 빌린 돈을 연체 없이 꼬박꼬박 갚는 것이다. 금융기관이 대출자의 신용등급을 파악하기 가장 좋은 도구가 카드 사용 이력이다. 적정 금액을 신용카드로 결제하고 오랜 시간 성실히 갚았다면 신용이 좋은 것으로 판단한다. 반면 소액이라도 연체하면 신용에 치명적이다. 10만 원 이상을 5일 이상 연체하면 신용등급이 하락한다. 빌린 곳이 제2금융권이나 대부업체일 경우에도 신용에 좋지 않은 영향을 미치므로 주의해야 한다. 금융거래 실적이 많지 않은 사회초년생이나 대학생은 휴대폰 요금이나 공공요금을 6개월 이상 성실하게 납부한 정보를 신용조회회사에 제출하면 신용평가에서 가점을 받을 수 있다.

고정금리 vs. 변동금리

대부분의 대출자들은 고정금리보다 변동금리를 선호한다. 금리만 비교하면 변동금리가 고정금리보다 0.5%p가량 낮기 때문이다. 고정금리는 금융회사가 금리 변동 위험을 막아주기 때문에 위험 관리비용이 추가되어 비싼 반면, 변동금리는 시중금리에 따라 오르내리는 금리를 고객이 감내하기 때문에 비교적 저렴하다.

그러나 단순히 금리가 낮다는 이유로 변동금리를 고집하는 것은 무리가 있다. 시장상황과 자신의 대출 상환방식에 따라 선택을 달리해야 한다. 향후 시중금리가 오를 것으로 예상되고, 5년 이상 장기 상환해야 한다면 고정금리가 유리하다. 만기 일시상환이라면 금리가 조금만 올라도 체감 이자가 크기 때문에 더더욱 고정금리를 선택해야 한다. 정부 정책이 대출을 규제하는 방향으로 흐를 때는 금리가 더 오르기 전에 대출을 앞당기는 것도 방법이다.

반면 향후 금리가 떨어질 것으로 예상되고 3년 내 단기로 분할 상환하는 경우라면 변동금리를 선택한다. 분할상환은 시간이 지날수록 대출 잔액이 줄어들기 때문에 이자가 조금 올라도 무리가 없다. 오히려 대출 잔액이 큰 초기에 싼 이자를 부담하는 게 낫다.

내게 맞는 대출상품 고르기

일일이 은행을 방문하지 않아도 금융감독원 금융포털 '파인'에 접속하면 대출종류와 대출금액, 적용금리, 거래조건을 쉽게 비교할 수 있다. 적합한 대출상품 2~3개를 선별한 뒤 해당 은행을 방문해 우대금리 수준을 비교하는 것이 현명하다.

부채 다이어트 프로젝트를 시작하자

순서에 맞춰 빚 갚기

여러 금융권에서 돈을 빌린 다중채무자라면 빚을 갚아야 할 순서가 따로 있다. 먼저 주택담보대출, 마이너스통장, 자동차 할부금, 보험계약대출, 카드값 등 현재 지고 있는 대출 리스트를 적고 대출금액과 기간, 만기일을 적는다. 그중 현재 연체 중인 대출이 있다면 1순위로 갚고, 연체가 없다면 기간이 가장 오래된 부채부터 갚는다. 부채가 오래될수록 신용등급에 타격을 주기 때문이다. 다음으로 금리가 높은 대출을 갚고, 금리가 같다면 부채 규모가 적거나 만기가 가장 빠른 대출부터 청산해 총대출 건수를 줄인다.

이 과정에서 원리금 결제일은 같은 날짜로 통일하는 것이 편하다. 매번 다른 날짜에 대출이 빠져나가면 대출 규모를 한눈에 파악하기 힘들고 이자율에 따른 상환 계획이 틀어질 수 있다. 전문가들이 권고하는 적정 부채 규모는 재산의 40%, 연간소득의 150%(1.5배) 이내다.

> ### 빚 갚는 순서
>
> - 연체 중인 대출 → 기간이 가장 오래된 대출 → 대출금리가 높은 대출 → 부채 규모가 적은 대출 or 만기가 가장 빠른 대출

금리인하 요구권 활용하기

대출을 받은 후 자신의 신용상태나 상환능력이 개선되었다면 거래 금융사에 금리인하를 요구해 대출이자를 줄일 수 있다. 취업, 이직, 승진, 연봉 인상 등으로 신용등급이 상승한 경우가 이에 해당한다.

은행을 비롯해 저축은행·카드사·보험사 등 제2금융권까지 신청할 수 있고, 신용대출·담보대출·개인대출 등에 모두 적용된다. 연봉계약서나 재직증명서 등 자신의 신용상태 개선을 입증할 수 있는 자료를 제출하면 심사를 통해 반영된다.

금융감독원에 따르면 2015년 금융권의 금리인하 요구권 수용률은 상호금융 99.4%, 은행 95.9%, 보험사 83.3%, 저축은행 81.3%에 이른다. 단, 햇살론 등 정책자금대출, 예·적금 담보대출, 보험사의 보험계약 대출 등 미리 정해진 금리 기준에 따라 취급된 상품은 금리인하 요구권이 제외된다.

이자의 일부라도 상환하기

일시적으로 상환여력이 없을 때는 이자의 일부만이라도 내야 한다. 그러면 부담하는 이자비용만큼 납입일이 미뤄져 높은 연체이자

부담을 줄일 수 있다. 예를 들어 대출 2천만 원을 연 5% 금리로 빌리면 하루이자는 '2천만 원×5%/365일=2,740원'이다. 잔고가 부족하더라도 이자 납입일에 3일치 이자에 해당하는 8,220원을 낸다면 납입일이 3일 미뤄져 연체를 피할 수 있다.

저금리 대출로 갈아타기

고금리 대출을 이용하고 있다면 대출금액과 상환기간에 맞춰 저금리 대출상품으로 갈아탈 수 있다. 마이너스통장을 금리가 싼 만기일시상환 대출로 바꾸거나, 만기일이 도래한 대출을 월 단위 만기연장으로 바꿔 중도상환 수수료 부담을 줄이는 것이다. 단, 대출받은 지 3년 이내라면 대출금의 1.5% 정도를 수수료로 내야 하므로 여러모로 득실을 따져본다. 변동금리로 대출을 받았는데 금리가 가파르게 오르고 있다면, 1회에 한해 고정금리로 갈아탈 수 있으므로 거래은행에 문의한다.

내집 마련이나 전세금을 위해서라면 정부가 저금리로 빌려주는 정책대출을 이용하는 것도 방법이다. 정부는 무주택 서민의 내집 마련을 지원하는 '디딤돌 대출', 중산층 이하 실수요자를 위한 '보금자리론', 전세 수요자를 위한 '버팀목 전세자금 대출' 등 정책모기지 상품을 여러 개 운영 중이다. 보통 이런 상품들은 시중은행의 주택담보대출보다 금리가 훨씬 저렴하다. 연소득 6천만~7천만 원 이하 근로자가 5억~6억 원 이하 주택 구입 시 2억~3억 원 한도 내에서 2.25~3.15% 금리로 돈을 빌릴 수 있다. 신용등급에 관계없이 신청 가능하다.

다중채무를 지고 있거나 고금리 대출로 경제적 부담이 큰 저신용자라면 서민금융상품인 '햇살론', '사잇돌2', '새희망홀씨', '미소금융', '바꿔드림론'으로 갈아타자. 신용등급이 6~10등급이면서 소득이 1,500만~4천만 원인 근로자는 600만~3천만 원 한도 내에서 3~15% 금리로 대출이 가능하다.

연말정산에 유리한
금융상품, 놓치지 말자

　요즘 같은 저금리 시대에는 1%대 이자율을 챙기는 것보다 내야 할 세금을 줄이는 것이 자산을 불리는 핵심 키워드다. '절세'라고 하면 상속세, 양도세 등 돈 많은 부자들에게나 통용되는 이야기 같지만, 알고 보면 세금에서 가장 자유로울 수 없는 신분이 평범한 직장인이다. 세원이 그대로 노출되는 유리지갑인 탓에 매달 꼬박꼬박 적지 않은 세금이 빠져나가고, 벌어들인 만큼 쓰지 않으면 연말정산 때 환급은커녕 세금폭탄을 맞기 십상이다.

　이런 열악한 환경에서 그간 납부한 세금을 최대로 돌려받는 방법은 절세상품을 이용해 공제 혜택을 극대화하는 것이다. 쥐꼬리만 한 월급이라고 좌절할 필요 없다. 오히려 소득이 적을수록 세율이 낮고,

돌려받는 환급액이 많아진다. '13월의 월급'을 꿈꾸는 직장인들이 알아야 할 연말정산 팁을 정리했다.

소득공제, 이렇게 돌려받자

소득공제는 과세 대상이 되는 소득 중에 일정 부분을 공제해주는 것을 말한다. 예를 들어 연봉이 3천만 원인데 이 중 800만 원이 소득공제된다면, 과세 구간 2,200만 원에 대해서만 세금을 물리는 것이다. 소득이 많아질수록 세율이 높아지기 때문에 소득공제를 통해 과세 구간을 낮추는 것이 가장 유리하다.

4대보험 공제

국민연금보험, 고용보험, 건강보험, 산재보험 등 4대보험 가운데 본인이 부담하는 전액이 소득공제된다. 회사 부담분은 제외다.

체크카드와 신용카드 공제

체크카드와 신용카드도 연말정산 소득공제 혜택이 있다. 총급여액의 25%를 초과해 카드를 사용한 경우, 초과분에 한해 체크카드 30%, 신용카드 15%의 소득공제를 받는다. 공제받을 수 있는 최대한도는 300만 원이다. 연소득이 7천만~1억 2천만 원인 근로자는 최대 250만 원까지, 1억 2천만 원 초과 근로자는 200만 원까지 소득공제된다. 단, 전통시장이나 대중교통 사용분은 추가 공제가 가능하다.

여기서 주의할 점은, 연소득의 25%를 초과할 때까지는 카드 종류에 관계없이 공제 문턱만 넘으면 된다는 것이다. 연봉 3천만 원이라면 이 중 750만 원까지는 체크카드든 신용카드든 뭘 써도 관계없다. 따라서 기준금액을 채울 때까지는 할인 혜택이 많은 신용카드를 집중 사용하고, 750만 원 초과 사용분에 대해서는 공제율이 높은 체크카드를 쓰는 것이 현명하다.

예) 연봉 3천만 원인 직장인이 카드 1천만 원 사용 시

- 1천만 원 중 연봉의 25%(750만 원) 초과분인 250만 원 공제대상
- 신용카드 사용액 100만 원×15% = 15만 원
- 체크카드 사용액 150만 원×30% = 45만 원
  → 총 60만 원 소득공제

주택청약종합저축 공제

주택청약종합저축은 국민주택과 민영주택을 공급받기 위해 마련하는 통장으로, 나이·주택소유·세대주 여부와 관계없이 누구나 가입이 가능하다.

연소득 7천만 원 이하 근로자 가운데 무주택자는 연간 240만 원 한도로 저축액의 40%를 소득공제받을 수 있다. 예를 들어 매달 20만 원씩 청약저축에 불입한다고 가정하면, 1년 납부액 240만 원 가운데 40%인 96만 원을 소득공제받게 된다. 연봉이 3천만 원이라면 소득공제 96만 원이 적용되어 나머지 2,904만 원만 세율이 적용된다.

청약저축으로 소득공제받으려면 연말정산 전 은행에 방문해 주택청약 무주택확인서를 발급받아 회사에 제출해야 한다.

문화생활 소득공제

2018년부터 신설되었다. 연간 총급여액이 7천만 원 이하인 근로소득자이면서 신용카드·직불카드·현금 사용액이 총급여액의 25%를 초과할 경우, 이 중 도서 및 공연비에 쓴 비용을 30% 소득공제해준다. 공제한도는 최대 100만 원이다. 구매에 필요한 배송비와 예매 수수료도 포함되며, 신용카드 소득공제와 중복 공제가 가능하다. 단, 소득공제 제공 사업자로 확정된 가맹점에서 구매해야 한다.

주택임차차입금 상환액 공제

무주택 세대의 세대원인 근로자가 전용면적 85m^2 주택을 임차하기 위해 대출한 금액에 대해 300만 원 한도 내에서 원리금 상환액의 40%가 소득공제된다. 전세자금을 대출받아 '원금과 이자'를 갚거나, 주택담보대출을 받아 '이자'를 지급하는 경우가 대상이다. 예를 들어 매달 차입금 25만 원 납부 시 120만 원(연 300만 원×40%)을 소득공제받을 수 있다.

장기주택저당차입금 공제

무주택자이거나 1가구 1주택을 보유한 근로자가 기준시가 4억 원 이하의 주택을 취득하기 위해 금융기관 등에서 대출을 받은 경우, 장기주택저당차입금의 이자상환액(300만~1,800만 원 한도)에 대해 100% 공제된다.

세액공제, 이렇게 돌려받자

세액공제란 실제 근로자가 내야 할 세액의 일부를 직접 공제해주는 것을 말한다. 만약 연봉 3천만 원에 대한 구간 세율을 적용한 뒤 총 30만 원의 세금이 나왔는데 이 중 15만 원을 세액공제받는다면, 실제 내야 할 세금은 15만 원이다.

지금부터 소개하는 세액공제 항목은 계산된 금액 전부를 돌려받는다고 이해하면 쉽다.

자녀 세액공제

만 6세 이상~20세 이하 자녀에 대해 1인당 150만 원의 소득공제가 기본으로 적용되는 데 이어, 자녀 1인은 15만 원, 자녀 2인은 30만 원, 3인 이상은 30만 원에 2인 초과하는 자녀 1인당 30만 원씩 추가로 세액공제된다. 단, 만 6세 이하 자녀는 월 10만 원씩 아동수당이 지급되므로 연말정산 세액공제와 중복 혜택은 불가하다.

개인연금저축 및 퇴직연금 공제

노후 준비를 위해 가입하는 연금저축은 연간 납입액 400만 원 한도 내에서 최대 16.5%인 66만 원이 세액공제된다. 세액공제율은 연봉 5,500만 원 이하 시 16.5%, 연봉 5,500만 원 초과 시 13.2%다. 단, 연금저축을 중도해지하면 납입원금과 운용수익에 16.5%의 기타소득세를 추가로 내야 한다. 소득이 높을 경우 해지에 따른 비용이 세액공제 혜택보다 크므로 해지 대신 납입중지·납입유예 제도를 활용하는 편이 낫다.

별도로 퇴직연금을 운용 중이라면 추가로 300만 원 한도 내에서 세액공제가 가능하다. 연금저축과 퇴직연금을 합해 최대 700만 원 한도 내에서 최대 115만 5천 원을 환급받을 수 있다.

보장성보험 공제

생명보험, 상해보험, 손해보험 등 보장성보험은 매년 100만 원 한도로 납입액의 12%를 돌려받는다. 매년 보험료로 100만 원 이상을 지출한다면 최대 12만 원을 돌려받는 것이다. 장애인 전용 보장성보험의 경우 최대 15%(15만 원)가 환급된다.

월세 공제

1년간 지불한 월세 가운데 750만 원 한도로 최대 12%가 세액공제된다. 예를 들어 월세 50만 원 주택에 거주할 경우 72만 원(1년 월세 600만 원×12%)이 환급된다. 연소득 5,500만 원 이하이면서 무주택자이거나, 주택·주거용 오피스텔·고시원 등 전용면적 85m²에 거주하는 세입자가 대상이다(총급여 7천만 원 이하 시 10% 세액공제). 주민등록

등본, 부동산 임대차계약서 사본, 월세지불 증명서류를 회사에 제출하면 된다. 배우자가 월세 계약한 경우도 본인이 대신 청구할 수 있다. 단, 등본과 계약서상 주소가 다르면 공제를 받을 수 없으므로 반드시 전입신고가 되어 있어야 한다. 집주인의 동의 없이도 공제가 가능한 항목이지만, 껄끄럽다면 이사 후 5년 이내에 월세 경정청구를 해도 무방하다.

의료비 공제

의료비는 총급여액의 3% 초과분에 한해 15%가 세액공제된다. 연봉 3천만 원인 직장인이 1년간 의료비 150만 원을 지출했다면, 급여의 3%(90만 원) 초과분인 60만 원에 대해 9만 원(15% 적용)을 돌려받는다. 시력교정용 안경, 콘택트렌즈, 보청기 등도 공제대상이다. 본인, 장애인, 만 65세 이상은 공제한도가 없고, 그 외의 부양가족은 최대 700만 원까지 공제된다.

교육비 공제

영유아부터 고등학생까지는 1명당 연간 300만 원, 대학생은 900만 원 한도 내에서 지출한 교육비의 15%를 공제받을 수 있다. 본인과 배우자, 직계비속, 형제자매, 입양자 및 위탁아동의 수업료, 입학금, 보육비용, 수강료 및 그 밖의 공납금이 공제 대상이다. 자녀 학원비의 경우 취학 전(입학연도 1~2월)까지 지출한 경우 공제가 가능하다.

누락된 연말정산 항목 처리 방법

- 연말정산 때 빠트렸거나 누락된 항목이 있다면 5월 종합소득세 신고 때 추가환급을 신청하거나 5년 이내에 주소지 관할 세무서에 경정청구가 가능하다. 국세청 홈페이지에서 '과세표준 및 세액의 경정청구서'를 내려받아 작성한 후, 신고서 초기 사본과 경정청구 자료를 첨부해 세무서에 제출하면 된다. 국세청 홈택스 홈페이지에서 자동 작성 서비스를 이용하면 수정사항만 입력해 낼 수도 있다.

내집 마련을 위한 지름길, 공공주택 지원제도

집에 대한 한국인의 애착은 유별나다. 집은 안락한 보금자리인 동시에 부의 상징이며, 삶의 여정에서 꼭 이뤄야 할 목표로 꼽힌다. 그러나 평범한 서민이 열심히 돈을 모아 내집 마련을 하는 일은 요원하기만 하다. 지방에서 올라온 대학생은 방값이 부담되어 아르바이트를 전전하고, 사회초년생은 매년 치솟는 전월세 값에 허덕이며, 신혼부부는 무리한 대출로 하우스푸어를 자처한다. 돈 걱정 없이 아늑한 보금자리에서 가족들과 고락을 함께하는 일은 꿈일 뿐일까?

통계청에 따르면 20~30대가 서울에서 5억 원대 아파트를 사려면 월급을 단 한 푼도 쓰지 않고도 12년 6개월이 걸린다. 한숨이 절로 나오는 결과다. 그러나 사회를 탓하고, 집주인을 탓하고, 돈 없는 나 자신을 탓하기 전에 반드시 체크해야 할 것이 있다. 사회적 약자를 배려한 정부의 공공주택 지원제도를 꼼꼼히 살피는 일이다. 자력으로 전셋집 마련이 어려운 대학생, 사회초년생, 신혼부부라면 지금부터 소개하는 공공주택 지원제도에 관심을 가져보자. 지금의 상황에서 가장 현실적으로 도움이 되는 대안책이다.

공공주택 지원제도 활용법

저렴한 시세로 거주하는 행복주택

행복주택은 대중교통이 편리한 역세권 유휴부지를 활용해 주변 전월세 시세의 60~80% 수준으로 공급하는 임대주택이다. 입주물량 가운데 80% 이상이 신혼부부, 사회초년생 등 젊은 계층에 공급된다. 무주택자이면서, 신청자의 실제 거주 등록지와 상관없이 재직하는 회사나 통학하는 학교가 행복주택 소재지에 있어야 신청 가능하다. 임대차 계약은 2년, 최대 3회까지 갱신 가능하며, 자녀가 있는 신혼부부는 최대 10년까지 거주할 수 있다. 보증금과 월세의 비율은 기본 5 대 5, 최대 9 대 1까지 조절된다.

서울 기준으로, 임대료는 대학생 15만~30만 원, 신혼부부는 27만~62만 원 수준이다. 홈페이지에서 행복주택 관심지역 알람서비스도 신청할 수 있다.

6년간 무이자 대출해주는 SH 장기안심주택

장기안심주택은 서울시에 거주하는 무주택 시민들에게 전월세 보증금의 30%를 최대 4,500만 원 한도 내에서(신혼부부는 6천만 원) 최장 10년간 무이자로 빌려주는 보증금지원 제도다. 입주물량 가운데 30%는 신혼부부와 다자녀가구에게 우선 공급되고, 나머지 70%는 소득요건이 맞는 1인 가구도 신청 가능하다. 전용면적 $60m^2$ 이하이면서 보증금 2억 9천만 원 이하인 주택이나, 전용면적 $85m^2$ 이하이면서 보증금 3억 8천만 원 이하인 주택(2인 가구 이상)을 신청할 수 있다. 이때 전세보증금이 1억 원 미만이면 최대 50%(4,500만 원 한도)까지 무이자를 지원한다. 2년마다 계약을 연장해 최대 6년까지 거주할 수 있으며, 재계약 시 보증금 인상분의 30%를 또다시 무이자로 지원해준다.

단, 장기안심주택 제도를 활용할 경우 국민주택기금에서 운영하는 전세대출을 동시에 받을 수 없다. 부족한 보증금은 공공기금이 아닌 개인 대출로 충당해야 하므로 무리한 전세보증금은 피한다.

부족한 전세자금 지원받는 전세임대주택

전세임대주택은 도심 내 저소득 계층을 위해 LH(한국토지주택공사)가 부족한 전세자금을 대신 지원해주는 제도다. LH가 집주인과 먼저 전세계약을 체결한 다음 해당 주택을 청년층 및 신혼부부에게 저렴하게 임대하는 방식이다. 집주인 - 세입자 간의 임대 체결이 아닌, LH - 세입자 간 임대 체결이라는 점에서 차별화된다.

입주가 결정되면 지원금액 내에서 임대할 주택을 직접 찾아야 한다. 단독주택, 다가구주택, 연립주택, 거주용 오피스텔 등이 대상이다. 대상주택의 면적은 1인 가구의 경우 $60m^2$ 이하, 2인 가구 이상은 $85m^2$ 이하다. 최초 임대기간은 2년이며, 입주자격 요건을 유지할 경우 2년 단위로 9회까지 재계약이 가능해 최대 20년간 거주할 수 있다. 지원한도는 국민주택규모 이하($85m^2$)를 대상으로 수도권 최고 9천만 원, 광역시 7천만 원, 그 밖의 지역은 6천만 원까지다.

만약을 위해 계약 전 집주인에게 LH 전세금을 지원받는다는 이야기를 해두는 것이 좋다. 계약 만료 후에는 LH공사로부터 지원받은 지원금을 돌려줘야 한다.

20년간 보증금 걱정 없는 장기전세주택 시프트

주변 전세시세의 80% 수준으로 최장 20년간 거주할 수 있는 장기전세주택 시프트도 고려할 만하다. 설계부터 시공, 건설까지 동일한 건설사가 동일한 방법으로 짓기 때문에 같은 단지에서 분양 세대와 함께 거주한다. 똑같은 아파트의 퀄리티를 누리면서 전세보증금은 시세보다 저렴하다는 이야기다.

전세보증금 인상도 5% 이내로 엄격히 제한된다. 신청 시 청약통장이 필요하지만 이는 입주자격 확인을 위한 절차이므로 향후 청약통장을 다른 분양주택에 활용할 수 있다.

일부 시프트는 강남 등 입지가 좋은 곳에 공급되기도 해 서민들에게 '로또'로 불린다. SH공사, LH공사 홈페이지에서 신청 가능하다. 단, 단독 가구주는 신청할 수 없다.

단지별로 전세보증금 격차가 큰 편이다. 같은 전용면적이라도 강남권과 비강남권의 전세보증금 격차는 심지어 몇억 원까지 벌어지기도 한다. 자신의 가계소득과 대출수준을 고려해 가성비 좋은 단지를 선택해야 한다.

지방에서 올라온 대학생을 위한 희망하우징

희망하우징은 서울주택공사가 매입 또는 건설한 주택을 대학생들에게 저렴하게 공급하는 임대주택이다. SH공사에 따르면 2018년 10월 기준, 임대료는 8만 2,860~24만 4천 원 수준이다. 서울시 소재 대학에 재학 중인 대학생 가운데 1~6순위 자격조건을 충족할 경우 신청대상이 된다. 입주자격을 유지하는 경우 1회에 한해 최장 4년까지 임대가 가능하고, 지방에서 올라온 대학생을 우대한다.

PART 4에서는 전업주부와 직장인 누구나 자신에게 잘 맞는 부업을 선택하고 제2의 소득을 창출할 수 있도록 다양한 부업과 각각의 운영 노하우에 대해 소개한다. 묵혀둔 재능을 깨워 현금흐름을 만들어볼 절호의 기회다.

PART 4

자신의
능력을 살려
즐겁게
돈 버는
투잡

묵혀둔 재능으로
현금흐름 만들기

올해로 직장생활 9년 차, 나는 두 번의 이직 후 지금의 회사에 정착했다. 그러는 사이 나의 몸값은 2.5배가량 뛰었다. 연봉인상률을 수익률로 환산하면 매년 10% 이상씩 수익을 낸 셈이다. 예·적금 금리가 1~2%에 불과한 저금리 시대에 이 같은 연봉상승률은 꽤나 고무적이다. 심지어 주식이나 펀드처럼 원금손실 위험도 없다. 자신의 분야에서 쌓아온 경험과 전문성을 토대로 꾸준한 수익이 날 뿐이다.

저축을 늘리는 재테크 못지않게 중요한 것이 자기계발에 투자하는 재테크다. 세상에서 가장 안전하게 고수익을 내는 상품은 바로 '나 자신'이기 때문이다. 본업에 충실하고 나의 역량과 가치를 끌어올릴 때 돈은 자연스럽게 따라붙는다.

나는 회사에 다니면서도 1년에 한 번씩은 채용사이트에 이력서를 업데이트하고, 헤드헌팅으로부터 면접 제의를 받으면 특별한 경우를 제외하고는 대부분 응했다. 몇몇 지인들은 이직이 잦으면 경력 관리가 힘들다고 조언하기도 했지만, 나의 가치를 인정해주고 능력을 높이 사주는 곳에서 일하는 기회를 놓치고 싶지 않았다.

이직할 때마다 연봉이 올랐고, 자신감이 커졌으며, 회사에 기여하는 실적도 상승해갔다. 그동안 내 몸값을 올리려는 노력은 단 한 번도 나를 배신하지 않았다. 자기계발을 통한 노력은 연봉인상이 되었든, 승진이 되었든, 능력 향상이 되었든 어떤 형태로든 나를 지금보다 좀 더 높은 곳으로 이끌어주었다.

본업이 중요한 또 다른 이유는, 일단 본업이 안정되면 부업을 통해 새로운 현금흐름을 만들 수 있기 때문이다. 본업은 우리에게 심리적 안정감과 경제적 여유를 주는 동시에 부업 도전의 허들을 낮춰준다. 그래서 본업에 충실한 사람은 부업을 시작하는 데 주저함이 없다. 실패에 대한 부담 없이 도전할 수 있고, 부업이 본궤도에 오를 때까지 시간을 벌 수 있으며, 안정적으로 추가 소득을 마련할 수 있기 때문이다.

효율적인 부업을 위해서는 가급적 본업과 관련 있는 영역에서 시작하는 것이 바람직하다. 직장인이라면 현재 몸담고 있는 업무의 확장성을 고려해 경력과 경제적 이익을 함께 볼 수 있는 일을 선택하고, 경력이 일시 단절된 주부나 휴직자라면 본인이 가진 재능을 살려 가장 잘할 수 있는 분야를 공략하는 것이다.

평소 사진을 찍고 글 쓰는 것을 좋아하는 사람이라면 SNS 마케팅 분야에 도전할 수 있고, 예술을 전공한 사람이라면 팝아트나 케이크토퍼 등을 직접 제작해 판매할 수 있다. 재능이 아니더라도 자신의 공간과 물건을 공유하며 수익을 내는 경우도 있다. 어떤 부업이 되었든, 들이는 시간과 에너지 대비 효율을 내는 것이 핵심이다.

시각디자인을 전공한 지인은 평일엔 언론사에서 일러스트 편집기자로 일하고, 주말엔 출판물에 들어갈 삽화를 그린다. 한창 삽화 작업을 할 때는 시간을 쪼개어 쓸 정도로 바쁘지만, 자신의 본업에 도움이 되는 경력이라 만족한다고 했다. 부업이 잘되면 언젠가 퇴사해 자신만의 그림책을 만들려는 꿈도 꾸고 있다.

자산관리사로 활동 중인 또 다른 지인은 10년 가까이 기자와 에디터로 활동한 경력을 살려 한 달에 두어 번 여성잡지사의 인터뷰 취재를 나간다. 인터뷰 기사 한 건을 마감할 때마다 들어오는 수입은 20만 원 남짓이다. 들이는 시간에 비해 그리 큰돈은 아니지만, 글 쓰는 감을 잃지 않기 위해서라도 꾸준히 할 생각이라고 했다. 인터뷰를 통해 새로운 인맥도 만들어가고 있다. 본업과 부업, 두 분야에서 윈윈하는 전략이라 볼 수 있다.

부업이 본업이 되는 사례도 있다. 수학을 전공한 동창생은 대학 졸업 후 극단에서 연극배우로 활동했다. 무대에 서는 것이 좋았지만 큰 돈벌이가 되지 않아, 그는 틈틈이 수학과외를 병행하며 생활비를 벌었다. 그러다 가르치던 학생이 좋은 성적을 내 명문대에 입학하자 엄마들 사이에서 입소문이 나기 시작했다. 곧 부업의 수입이 본업을 따라잡았고, 그 후 경기도에 작은 수학학원을 차렸다.

이들의 공통점은 자신의 본업을 유지하면서 부업에 도전했다는 것, 그리고 자신의 경력을 살려 새로운 현금흐름을 만들었다는 것이다. 부업으로 가계소득을 높이는 데 기여했을 뿐 아니라, 스스로 한 단계 더 성장할 수 있는 기회를 살렸다. 나 역시 회사에서 재테크 콘텐츠를 만드는 능력을 살려 좋은 기회에 책을 집필할 수 있게 되었다. 책이 세상에 나와 많은 독자들의 사랑을 받는다면 앞으로는 인세가 제2의 수익이 될 것이다.

1인 멀티플레이 시대, 본업과 부업의 기준을 나누는 것은 더 이상 무의미하다. 누군가의 본업이 또 다른 누군가에게는 부업이 될 수 있다. PART 4에서는 누구나 자신에게 잘 맞는 부업을 선택하고 제2의 소득을 창출할 수 있도록 다양한 부업과 각각의 운영 노하우에 대해 소개한다. 주부 모니터단 활동, SNS 광고활동, 펫시터 활동하기, 재능셀러 되기 등이 대표적이다. 묵혀둔 재능을 깨워 현금흐름을 만들어볼 절호의 기회다.

전업주부의 특권!
모니터단으로 10만 원 벌기

워킹맘만 경제활동을 하는 것은 아니다. 다양한 살림 노하우로 똘똘 뭉친 전업주부들도 그간 쌓아온 내공을 밑천 삼아 소소한 용돈벌이가 가능하다. 주부들의 참신한 아이디어가 곧 신제품이 되는 '주부 모니터단' 활동이 대표적이다. 워킹맘도, 싱글 직장인도, 대학생도 아닌 오직 전업주부만 도전할 수 있는 특권이자 기회다.

국내 유통업체들 중에는 제품의 실제 구매자인 주부들의 아이디어를 제품기획이나 홍보 및 마케팅에 반영하기 위해 주부 모니터단을 운영하는 곳이 많다. 주부들은 월 1~2회 정기모임에 참여하거나 각종 온라인 미션을 수행하면서 제품을 꼼꼼히 평가하고 개선점을 제안하는 역할을 한다.

주부패널 활동은 꼭 용돈벌이가 아니더라도, 경력이 일시 중단된 전업주부들에게 새로운 커뮤니티를 형성시키고, 평소 관심 있는 분야에서 전문성을 키울 수 있다는 점에서 긍정적이다. 자신이 제안한 아이디어가 반영된 신제품이 출시될 때 느끼는 성취감도 크다.

어떤 신청자들이 모니터단에 뽑힐까?

주부 모니터는 평소 요리, 살림, 인테리어 등에 관심이 많고 관련 지식이 있는 주부라면 누구나 시도할 수 있다. 여성 특유의 세심하고 꼼꼼한 피드백에 자신 있거나, 평소 살림을 하며 느꼈던 애로사항을 신제품 아이디어에 녹여낼 수 있는 주부라면 더더욱 좋다.

그중에서도 기업들이 가장 선호하는 주부패널은 개인 블로그 또는 SNS 활동을 활발히 하며 주부들 간의 커뮤니케이션에 능한 사람이다. 블로그, 페이스북, 인스타그램 등 활동하는 소셜 매체가 있다면 신청 시 적극 어필해야 한다.

단, 대부분의 기업들이 주부패널 자격을 서울 및 수도권 거주자이면서 자녀가 있는 20~40대 전업주부로 자격을 제한하고 있다. 임신부도 제외된다. 본인 또는 가족이 식품회사에 종사하면 지원할 수 없고, 오프라인 모임에 몇 회 이상 불참할 경우 자격이 박탈된다. 신제품 정보에 대한 보안 유지를 요청하는 기업들도 여럿 있다. 그러니 이런 주의사항을 미리 숙지해두는 것이 좋다.

주부 모니터에게는 어떤 혜택이 있을까?

주부 모니터로 선정되면 짧게는 3개월, 길게는 1년간 해당 기업의 신제품이나 서비스를 체험하면서 장단점을 피드백하고, 주부를 타깃으로 한 마케팅 활동에 아이디어를 제안한다. 매달 주어지는 미션에 따라 집에서 요리를 하면서 맛과 향을 평가하거나, 직접 매장을 방문해 시장조사를 하기도 한다. 주기적으로 SNS 홍보활동도 병행한다. 월 1~2회는 본사 등을 방문해 좌담회를 갖는데, 이때 주부들이 모여 제품 사용에 대한 솔직한 후기를 공유하고 그룹토의를 통해 개선점을 도출한다. 소요시간은 1~2시간 내외이며, 교통비는 별도로 지급하는 곳이 많다.

주부 모니터는 이러한 활동의 대가로 적게는 월 4만~5만 원, 많게는 30만 원에 달하는 활동비와 각종 생활용품 및 숙박권을 지급받고, 회사 문화행사나 이벤트에 우선 초대되는 혜택을 누린다. 이 중에서 우수 활동자로 선정되면 별도의 상품과 보너스를 받고, 추후 모니터활동을 연장할 수 있다. 물질적 혜택뿐만 아니라 공통된 관심사를 가진 주부들과 인적 네트워크를 형성할 수 있고, 모니터활동으로 다져진 꼼꼼함과 정보력으로 관련 경력을 차곡차곡 쌓아갈 수 있다.

주부 모니터를 운영하는 대표 기업

- 샘표식품, CJ제일제당, 사옹원, 한화 L&C, 풀무원, 예지미인 & 웰크론, 피죤, 농심, 하림, 큐원, 동원 F&B

동물을 좋아한다면
강아지 돌봐주는 펫테크

나는 '콩희'라는 이름의 작고 귀여운 치와와 한 마리와 10년째 동거 중이다. 콩희는 나의 20~30대 대부분을 함께하고 있는 가족이자 친구, 애인과 다름없다. 이런 나에게 가장 곤욕스러운 순간은 갑작스러운 출장이나 여행, 경조사 등으로 장시간 콩희와 떨어져야 하는 상황을 마주할 때다. 애견호텔이 넘쳐나는 세상이지만, 작은 케이지 안에 갇혀 스트레스를 받을 콩희를 생각하면 썩 마음이 내키지 않는다.

자기가 버림받았다고 생각할까 안쓰럽고, 호텔링 비용도 만만찮다. 서울 지역 기준으로 애견호텔 서비스 비용은 소형견 2만~3만 원, 대형견은 5만 원이 훌쩍 넘는다. 종종 산책 서비스를 제공하지만 비용이 추가될뿐더러 예민한 강아지들은 이마저도 힘든 경우가 많다.

그래서 나 같은 보호자들은 차선책으로 펫시터 서비스를 이용한다. 펫시터란 보호자를 대신해 반려동물을 케어해주는 돌보미를 말한다. 펫시터의 집에서 위탁된 반려동물을 돌보며 보호자의 빈자리를 채워주는 역할을 한다. 반려동물 1천만 가구 시대인 만큼 수요가 급증하자 투잡으로 활용하는 사례도 많아졌다. 반려동물을 사랑하고 관련 상식만 있다면, 혹은 현재 반려동물을 키우거나 과거 키워본 경험이 있다면 월 20만 원 상당의 용돈벌이가 가능하다. 강아지들의 무한 애교와 사랑은 덤이다.

초보 펫시터라면 이렇게 도전하자

펫시터가 하는 일

펫시터는 크게 위탁 펫시터와 방문 펫시터가 있다. 위탁 펫시터는 펫시터의 집에서 반려동물을 직접 돌보는 것을 말하는데, 사람을 잘 따르고 수시로 케어가 필요한 강아지들이 주로 이용한다. 반면 방문 펫시터는 정해진 시간에 펫시터가 의뢰자의 집에 방문해 반려동물의 먹이를 주거나 산책하는 등의 케어를 맡는다. 비교적 독립적 성향을 띠는 고양이가 대상이다.

펫시터에 정해진 자격요건은 없다. 다만 현재 반려동물을 키우고 있거나, 반려동물에게 스트레스를 주지 않는 쾌적한 환경이 조성된 집에 거주하는 펫시터가 유리한 측면이 있다. 키우는 반려동물이 없더라도 펫시터로 꾸준히 활동해왔거나, '반려동물관리사' 자격증을 소유한 펫시터는 믿고 맡길 수 있어 보호자들이 선호한다.

펫시터의 주 역할은 반려동물과 함께 놀아주며 사랑으로 돌보는 일이다. 하루 한 번 정도는 산책을 시키고, 위탁기간 동안 목욕을 시키기도 한다. 걱정하고 있을 보호자에게 반려동물의 사진과 동영상 촬영본을 전송해주는 일도 펫시터의 몫이다. 약 복용 등 특별 케어가 필요한 경우에는 보호자와 상의한 뒤 시간에 맞춰 적절한 조치를 취해야 할 때도 있다.

펫시터 비용은 1일 기준 소형견 1만~2만 원, 중형견 1만 5천~3만 원 수준이며, 1박 2일 맡기면 2일치 요금, 3박 4일 맡기면 4일치 요금이 부과된다. 한 보호자가 2마리 이상 맡기기도 하고, 펫시터가 각각 다른 보호자로부터 데려온 강아지를 함께 돌보기도 한다. 월 2회, 한 번에 3일씩, 2마리의 강아지를 돌볼 경우 평균 10만~20만 원의 용돈벌이가 가능하다. 대개 위탁을 맡을 땐 보호자가 반려동물을 직접 펫시터의 집으로 데려가지만, 상황에 따라 펫시터가 직접 픽업하는 경우도 있다. 펫시터의 픽업비용은 거리와 소요시간에 따라 펫시터와 보호자가 상의해 별도로 지불한다.

펫시터로 등록하는 방법

가장 보편적인 방법은 애견 커뮤니티 사이트에 직접 글을 올리는 것이다. 운영기간이 길고 오래되고 회원 수가 많은 반려동물 카페를 중심으로 가입한 뒤 '펫시터' 코너를 이용하면 된다. 글을 올릴 위탁 반려동물을 구할 때는 펫시터의 성별과 나이, 반려동물 유무와 키운 기간, 펫시터 경력, 집안 환경, 특별 케어 서비스(산책, 목욕, 수제간식 등), 비용, 픽업 가능 여부 등을 명확히 적는 것이 좋다. 펫시터 활동이 처음이라면 기존에 작성된 등록 글 가운데 가장 좋은 글을 참조하자.

두 번째 방법은 펫시터 전문사이트나 펫시터앱에 전문 펫시터로 등록하는 것이다. 아직 대중화되진 않았지만 조금씩 활성화되는 추세여서 병행할 것을 권한다. 펫시터 등록비는 무료이며, 특정업체의 경우 펫시터로 선정되면 3~4시간 정도의 훈련사 교육을 제공한다. 상시 무료 펫시터 설명회도 열리므로 펫시터 투잡을 고려 중이라면 한번쯤 참여해보길 권한다. 단, 업체를 통해 펫시터로 활동할 경우 수입의 일부를 수수료로 내야 한다.

펫시터 전문업체를 이용할 경우 돌봄비용이 비싼 대신 수수료를 떼고, 개별적으로 펫시터를 구하는 것은 돌봄비용이 저렴한 대신 수수료를 떼지 않는다. 결과적으로 어떤 방법으로 하든 실제로 펫시터를 통해 얻는 수익은 대동소이하다.

펫시터 등록 사이트

- **커뮤니티:** 강사모, 와와당 등
- **전문사이트:** 페팸, 도그메이트, 페티안, 우푸, 펫플래닛, 와요 등

펫시터 투잡 시 주의사항 8가지

펫시터 투잡 시 다음의 8가지 사항은 각별히 주의해야 한다.

첫째, 돌봄기간에는 가급적 오랜 시간 외출은 삼간다. 강아지를 낯선 환경에 오랜 시간 방치할 경우 큰 스트레스를 받기 때문이다. 주말 동안 약속이 없거나, 집에 오랜 시간 머무를 수 있을 때 펫시터를 해야 한다.

둘째, 위탁을 맡기 전 강아지에 대한 기본상식은 숙지해둔다. 특히 강아지가 먹으면 안 되는 음식은 사전에 알아두고 조심한다.

셋째, 사전에 반려동물의 질병이나 예방접종 사항을 체크한다. 여러 강아지를 함께 돌볼 경우 면역력이 약한 강아지에게 질병을 옮길 수 있기 때문이다.

넷째, 사료나 간식은 평소 반려동물이 먹는 것으로 챙겨달라고 보호자에게 요청한다.

다섯째, 돌보는 중에 갑자기 강아지가 아플 때는 즉각 보호자에게 연락해 상황을 설명하고, 필요에 따라 병원에 방문한다. 사진이나 영상을 촬영해 당시 상황을 기록해두는 것이 좋다.

여섯째, 반려동물과 산책할 때는 반드시 목줄을 채워 실종 등 불의의 사고를 방지한다.

일곱째, 펫시터 경험이 전무하다면, 처음 한두 번은 경력을 쌓을 요량으로 시중보다 저렴한 비용으로 펫시터를 해본다. 펫시터의 전반적인 역할을 익힐 수 있고 후기도 생긴다.

여덟째, 사람마다 성격이 다르듯 반려동물도 성격이 제각각이다. 단순히 강아지와 고양이가 귀여워서 펫시터를 자처했다가는 분리불안으로 낑낑대거나 우는 반려동물 때문에 힘들 수 있다. 단순히 재미와 호기심으로 도전하면 안 된다. 반려동물을 하나의 생명체로서 진심으로 돌볼 준비가 되어 있을 때 도전하자.

펫맘들이 가장 선호하는 펫시터 BEST 5

1. 기본 돌봄 외에도 산책, 목욕 등의 케어가 가능한 펫시터
2. 반려동물이 맘껏 뛰어놀 수 있도록 마당이 있거나, 집 인근에 공원이 있는 펫시터
3. 위탁 반려동물의 일상을 사진 및 영상으로 촬영해 보호자와 공유하는 펫시터
4. 펫시터 경험이 풍부하고 리뷰가 좋은 펫시터
5. 반려동물을 키워본 경험이 있고, 진심으로 돌봐주는 펫시터

광고 입소문 내주고
쏠쏠하게 버는 SNS 재테크

SNS는 나와 세상을 연결하는 매개체인 동시에 새로운 수익을 창출하는 광고 플랫폼으로 진화하고 있다. 더 이상 소비자들은 방송과 언론에서 쏟아져 나오는 광고를 곧이곧대로 받아들이지 않는다. 제품을 직접 써본 친구의 말 한마디, 영향력 있는 SNS 인플루언서나 파워블로거의 후기 한 줄을 더욱 신뢰한다. 이렇게 입소문을 탄 제품과 서비스는 막대한 매체 광고비를 집행하지 않고도 매출이 늘어나는 효과를 본다. 광고주들이 SNS 마케팅에 공을 들이는 이유다.

입소문 전략은 오래된 마케팅 기법 중 하나지만 달라진 점이 있다. 과거에는 광고주들이 팬 수 또는 방문자 수로 '인증된' 소수의 파워블로거나 SNS 스타에게 일감을 몰아줬다면, 지금은 SNS 이용자 누구나 마음만 먹으면 홍보활동에 참여하고 지인들에게 입소문을 낼 수 있다. 광고주와 마케터를 연결해주는 모바일 광고 플랫폼이 등장한 덕분이다.

광고주가 모바일 광고 플랫폼에 알리고 싶은 상품이나 서비스를 의뢰하면, 마케터는 수많은 광고 콘텐츠 가운데 자신이 원하는 아이템을 SNS에 공유한 뒤 대중의 콘텐츠 호응도에 따라 수익을 낼 수 있다. SNS 계정이 있음에도 불구하고 그동안 광고주에게 '간택'되지 않아 부업을 할 수 없었던 이용자들에게 새로운 길이 열린 셈이다.

SNS 부업, 이렇게 하면 된다

SNS에 광고 입소문 내고 수익 내기, '텐핑'과 '애드픽'

최근 가장 주목 받는 모바일 광고 플랫폼은 '텐핑'과 '애드픽'이다. 블로그, 페이스북, 인스타그램, 카페 등 자신의 SNS에 기업의 광고를 입소문 내고, 지인 또는 불특정 다수가 해당 광고배너를 클릭하거나 해당 앱을 설치하는 경우, 또는 문의 글을 남기거나 실제 판매로 이어지는 경우 수익이 난다.

광고 카테고리는 뷰티, 패션, 레저, 금융, 유통, 게임, 교육, 어학, 자격증 등에서 선택할 수 있는데, 공유 난이도에 따라 수익금이 다르다. 대개 '콘텐츠 클릭 < 광고영상 재생 < 앱 설치 < 상담 예약 및 이벤트 참여 < 매출 발생' 순으로 난이도가 높아진다. 콘텐츠를 단순

공유하는 것만으로 적립금을 지급하는 광고가 있는가 하면, 광고주가 원하는 특정 키워드를 해시태크 형태로 삽입하거나 새롭게 콘텐츠를 작성해야 하는 광고도 있다. 대다수의 콘텐츠는 회사 측이 제작한 멘트 혹은 콘텐츠를 그대로 복사해 붙이거나 링크를 거는 형태여서 비교적 공유가 쉬운 편이다.

수익금은 1회당 적게는 몇백 원부터 많게는 수십만 원까지 발생한다. 텐핑의 경우 가장 활동이 활발한 사용자의 누적 수입이 1억 원, 월 평균 1천만 원의 수익을 내는 것으로 알려져 있다. 지급받은 적립금은 실시간으로 확인이 가능하며, 상위에 랭크된 마케터들의 누적 수익도 연·월·주·일 단위로 확인이 가능하다. 텐핑은 5천 원 이상, 애드픽은 5만 원 이상 적립되면 현금으로 인출하거나 제휴된 마켓에서 상품을 구매할 수 있다.

광고 입소문 내는 과정

1. 텐핑 또는 애드픽 앱을 다운로드한다.
2. 휴대폰번호 인증 후 비밀번호를 설정하고 회원가입을 완료한다.
3. 홈페이지에서 공유하고 싶은 광고 콘텐츠를 고른다.
4. 해당 콘텐츠의 공유 조건과 수익금을 확인한다(클릭만 해도 수익이 나는 경우, 앱 설치 및 실행해야 하는 경우, 고객이 특정번호로 문의해야 하는 경우 등 다양하다).
5. 'SNS 공유하기' 버튼을 누른다. 내가 소문낸 링크를 누군가가 또다시 공유했다면 추가로 적립금이 쌓인다.
6. 적립금을 실시간 확인한다.
7. 적립금이 인출 조건만큼 쌓이면 현금으로 인출한다.

블로그에 '애드포스트', '애드센스' 달기

현재 네이버 블로그를 운영 중이라면 콘텐츠 광고의 일종인 '애드포스트'를 등록하는 것이 필수다. 애드포스트는 블로그 포스팅 하단과 사이드에 콘텐츠와 연관 있는 광고를 텍스트 형태로 노출시키는 것을 말한다. 블로거가 포스팅을 하면 해당 콘텐츠에 가장 적합한 상품이 맞춤형 광고 형태로 자동 노출된다. 블로그를 방문한 이웃이 해당 광고를 클릭하거나 광고에 노출되는 경우 수익이 발생하는 구조다. 당연히 블로그 방문자가 많을수록 유리하다.

처음 한 번만 등록해두면 별다른 노력 없이도 소소한 수익을 낼 수 있기 때문에 파워블로거가 아니라도 없는 셈 치고 가볍게 시작해볼 만하다. 단 5분 투자로 간단하게 등록할 수 있고, 한 달에 몇 번이라도 블로그 포스팅을 하는 사람이라면 매달 적게는 몇천 원, 많게는 수십만 원까지 수익을 낼 수 있다.

애드포스트 등록하는 방법

1. 네이버 검색창에 '애드포스트'를 입력한 뒤 공식 홈페이지에 들어간다.
2. 우측 상단의 '가입하기' 버튼을 누른다(계좌정보 등 입력).
3. 가입이 승인되면 우측 상단의 '미디어 등록하기' 버튼을 누른다.
4. 등록완료 이메일이 온다.
5. 나의 블로그 홈 화면으로 돌아와 프로필 하단의 '관리' 페이지를 연다.
6. 관리 페이지에서 '꾸미기 설정-디자인 설정-위젯 설정'을 차례로 클릭한다.
7. 우측 하단의 '위젯 사용 설정'에서 '애드포스트' 체크박스를 표시한다.
8. 원하는 주제로 포스팅을 하면 하단에 광고가 자동 게재된다.
9. 한 달에 한 번 수익을 확인한다.

예를 들어 매달 애드포스트로 1만 원씩 수익이 발생했다면, 이는 금리 1.5%짜리 예금에 1년간 1천만 원을 예치한 뒤 얻는 월이자와 비슷하다. 별다른 품이 들어가지 않는다는 점을 감안하면 가성비 높은 부업이다. 포스팅을 하더라도 광고가 크게 눈에 띄지 않기 때문에 대놓고 광고하기 부담스러운 사람들도 쉽게 시도할 수 있다.

애드포스트 수입정보는 일 단위로 확인이 가능하다. 연간 수익이 25만 원 이내면 세금 없이 전액 입금되며, 25만 원을 초과하면 관련 법령에 따라 소득세 및 주민세를 원천징수(4.4%)한 후 잔여금액을 지급한다. 계좌에 수익이 들어올 때마다 이메일로 통보해준다. 단, 애드포스트는 블로그 운영기간이 최소 90일 이상이어야 하며, 방문자나 페이지뷰 수가 현저히 적을 경우 등록이 보류될 수 있다.

만약 다음 티스토리를 사용하고 있다면 구글의 '애드센스'를 달자. 운영방식은 애드포스트와 비슷하다. 국내 포털시장은 네이버가 장악하고 있지만, 광고단가는 애드포스트보다 애드센스가 훨씬 높다.

블로그 체험단 신청하기

블로그를 운영 중이라면 다양한 체험단을 신청해 부수입을 낼 수 있다. 블로그에 포스팅하는 조건으로 가전가구 및 생활용품을 직접 지원받거나 외식 체험을 하거나 헤어·미용 서비스를 받을 수 있다.

> **체험단 사이트**
> - 위블, 모두의 블로그, 어메이징 블로그, 디너의 여왕, 마이블로그

나의 재능을 팝니다,
재능셀러 되기

　자신이 가진 재능을 밑천 삼아 쏠쏠한 수익을 내는 재능마켓이 부업의 판도를 새롭게 바꾸고 있다. 어딘가에 소속되어 노동력을 제공하거나 시간과 에너지를 투자해 새 분야에 도전하는 것이 아니라, 자신이 잘하는 분야에서 재능을 발휘해 새로운 현금흐름을 만드는 전략이다. 자신의 재능을 원천으로 하기 때문에 초기자본이 필요 없고, 스스로 일하는 시간과 양을 조절할 수 있으며, 직장인·대학생·주부·프리랜서 등 누구나 진입장벽 없이 시도할 수 있다는 게 가장 큰 장점이다.

　직장에 몸담고 있는 사람이라면 자신의 커리어와 관련된 재능거래를 통해 자신의 업무 영역을 한 단계 확장시킬 수 있고, 새로운 사업을 구상 중이라면 재능판매를 통해 미리 사업성을 검증해볼 수도 있다. 경력이 단절된 주부라면 살림이나 육아 등 관련 분야에서 제2의 수익을 낼 수도 있다. 꼭 대단한 스펙이 아니어도 된다. 실제로 재능 마켓에서는 전문가 영역뿐 아니라 정리정돈, 연애 상담, 모닝콜, 쇼핑 동행 등 누구나 경험만 있으면 시도 가능한 재능이 활발하게 거래되고 있다.

재능마켓, 어떤 곳일까?

과거엔 부업을 위해 인맥을 활용하거나 대행업체에 많은 수수료를 부담해야 했지만, 지금은 재능거래 사이트에서 수수료를 투명하게 떼고, 시공간의 제약 없이 자신이 원할 때 재능을 판매한다. 현재 국내에서 이용 가능한 재능거래 사이트는 크몽, 오투잡, 숨고, 재능박스, 재능넷 등이 있다. 재능거래 종류는 디자인, 콘텐츠 제작, 마케팅, 컨설팅, 통·번역, 레슨, IT 등 전문적인 분야부터 단순 문서 작성, 상담, 생활 서비스까지 다양하다. 적게는 몇만 원, 많게는 월 수천만 원의 소득을 올리는 셀러들도 있다.

크몽

크몽은 디자인, IT/프로그래밍, 콘텐츠 제작, 마케팅, 컨설팅, 통·번역, 문서 작성, 상담/노하우, 레슨 등 다양한 재능이 거래되며, 판매자 서비스를 등록하면 마일리지를 제공한다.

판매 수수료는 5~20%로 누적 매출에 따라 상이하다. 누적 매출 50만 원까지는 수수료 20%, 누적 매출 50만~100만 원이면 수수료 10%, 누적 매출 100만 원 이상이면 수수료 5%를 책정한다. 예를 들어 재능거래 총수익이 100만 원일 경우 50만 원에 대해서는 수수료 20%(10만 원)을 적용하고, 나머지 50만 원에 대해서는 수수료 10% (5만 원)를 적용해 판매자에게 총 85만 원의 수익이 돌아간다. 회원가입 후 승인을 받으면 누구나 재능을 판매할 수 있으며, 신규등록 시 제공받는 마일리지로 배너광고 등 홍보활동도 할 수 있다. 판매가 일어나지 않으면 내야 할 수수료는 없다.

오투잡

오투잡은 회원가입 후 자신이 판매할 재능을 등록한 후 승인을 받으면 구매자의 1 대 1 문의를 통해 거래가 성사된다. 재능 카테고리는 디자인, 번역, 문서 작성, 마케팅, 컴퓨터, 음악/동영상, 비즈니스, 상담/노하우, 생활 서비스, 대행/섭외, 여행 등이 있다. 판매 수수료는 전 분야에 15%를 일괄 적용한다. 판매자가 서비스 가격을 정할 수도 있지만, 구매자가 직접 재능을 의뢰하고 가격을 제시하는 '오더잡' 코너도 있어 가격 조정이 유연하다. 수익금 발생 시 액수에 관계없이 수시로 출금이 가능하다.

숨고

숨고는 분야별 숨은 고수를 찾아 고객과 연결해주는 서비스다. 인테리어, 컨설팅, 외국어 레슨, 피아노 및 악기, PT, 민사소송, 특허 출원 등 다양한 분야에서 재능을 제공한다. 구매자가 원하는 재능을 선택한 뒤 이용시간과 사는 지역, 가격대 등을 설정하면 조건에 가장 부합하는 고수(판매자)에게 요청서가 전달된다. 판매자는 여러 요청서 가운데 자신이 원하는 구매자에게 견적서를 전달하고, 구매자가 이를 받아들일 경우 메시지 교환을 통해 거래가 성사된다.

숨고는 다른 재능거래 사이트처럼 중개 수수료를 떼지 않고, 판매자가 보내는 견적서당 1크레이트(1천 원 상당)를 차감한다. 평균 열 번의 견적서를 보내면 1건이 매칭되는데, 무작위로 견적서를 보낼 경우 배보다 배꼽이 더 큰 경우가 발생할 수 있으므로 주의해야 한다. 그러나 한 번 견적서를 보내면 구매자에게 문자 및 전화로 2차·3차 연락을 무제한으로 할 수 있다.

그 외 재능마켓

- **크라우드픽**: 저작권에 위배되지 않는 직접 찍은 사진을 업로드한 뒤, 누군가가 해당 사진을 다운로드하면 한 장당 500원 정도의 수익을 낼 수 있다. 사진 찍기를 좋아하는 사람들에겐 최고의 부업이다.
- **해피캠퍼스**: 직접 작성한 리포트, 독후감, 논문 등을 업로드한 뒤, 누군가가 해당 자료를 결제할 경우 수익을 낸다. 한 번 올린 자료로 지속적인 수익을 낼 수 있다는 장점이 있다.

재능거래 시 이것만은 주의하자

재능거래 사이트는 판매자와 이용자를 연결해주는 서비스를 제공할 뿐, 둘 사이에 분쟁이 발생할 경우 책임지지 않는다. 의뢰 및 작업 과정에서 문제가 발생해도 판매자와 구매자가 개별적으로 해결해야 한다. 따라서 디자인, 로고, 인테리어 등 작업 난이도에 따라 추가 업무가 발생하는 것들은 사전에 수정횟수와 추가비용 등을 명확히 논의하는 것이 좋다.

재능거래 실적을 올리기 위해 꾸준히 사이트에 접속해 계정 관리를 하는 것도 도움이 된다. 이용자 입장에서는 오랜 시간 사용 흔적이 없는 판매자보다 프로필이 명확하고 최근까지 활동한 판매자를 더 신뢰하기 때문이다. 좋은 후기들이 한두 개씩 쌓이고 작업물이 많아질수록 추후 거래에 유리해진다. 가입 시 업체에서 제공하는 무료 포인트를 활용해 자신의 게시물을 좋은 위치에 광고하는 것도 방법이다.

에어비앤비 호스팅으로
50만 원 벌기

제4차 산업혁명 시대가 도래하면서 숙박, 자동차, 사무실 등을 공유하는 '공유경제'가 투잡의 새 패러다임으로 주목받고 있다. 공유 플랫폼을 통해 자신의 공간, 물건, 경험을 타인과 공유하고 이를 바탕으로 수익을 창출하는 것이다. 가장 대표적인 서비스가 숙박 공유 플랫폼 '에어비앤비'다. 에어비앤비는 여행 기간 현지인의 집에 머물며 이들의 일상을 직접 경험해보는 하우스 셰어링 서비스다. 호스트(현지인)는 자신의 집 일부 또는 전체를 여행객에게 빌려준 뒤 수익을 얻고, 게스트(여행객)는 호텔보다 저렴한 가격으로 안락한 현지 가정집에 거주하며 새로운 경험을 얻는다.

파죽지세로 성장하는 공유경제에 힘입어 투잡으로 에어비앤비 호스트를 자처하는 직장인과 주부들도 늘고 있다. 집만 있으면 초기비용 없이 수익을 낼 수 있는 데다, 몇 가지 노하우만 익히면 매달 40만~50만 원은 거뜬히 벌 수 있다.

에어비앤비, 전업 아닌 부업이 유리하다

에어비앤비에서 활동하는 호스트는 크게 2가지 형태로 나뉜다. 전월세 빌라나 아파트를 구해 통째로 임대하는 형태, 그리고 현재 거주하고 있는 집의 일부를 게스트에게 임대하는 형태. 전자의 경우 벌어들이는 수입은 훨씬 많지만, 매달 고정적으로 나가는 월세, 관리비 등을 감안하면 목표 매출이 높을 수밖에 없다. 비수기 시즌에 공실이 발생하면 투자원금을 회수하지 못할 위험이 있고, 직장생활과 주거시설 관리를 병행하기도 어렵다.

반면 집의 일부를 공유하는 호스트는 간단한 침구류와 인테리어 용품 외에 초기비용이 거의 없다. 매출이 발생하면 고스란히 '추가수입'이 되므로 조금만 벌어도 만족도가 크고, 본업이 주는 심리적 안정감이 있어 매출에 크게 연연하지 않는다. 낯선 외국인과 함께 생활하는 것이 불편하지만 언제든 스케줄을 조정해 게스트를 받지 않을 수 있다. 주부 호스트라면 비교적 집에 상주하는 시간이 길기 때문에 주거 관리 면에서 유리하다. 고비용 고수익 투자보다는 최소한의 비용으로 고정적인 수입을 만들어내는 시스템이 훨씬 안정적이다.

에어비앤비 호스트 등록하기

에어비앤비 호스트로 등록하는 절차는 크게 3단계다. 숙소의 특징과 사신을 사이트에 등록하고, 게스트 조건과 숙박 가능 일자를 설정한 뒤 예약을 받으면 된다. 숙박이 이루어지면 수수료 3%를 제외한 잔액을 입금받는다.

에어비앤비 호스트 등록 절차

1단계: 숙소 등록하기
1. 에어비앤비 회원가입을 한다(페이스북, 구글 아이디로도 가능).
2. 숙소 건물 형태(아파트, 단독주택, 게스트하우스 등)와 게스트가 묵을 방 유형(개인실, 다인실, 집 전체 등)을 고른다.
3. 수용 가능한 게스트 인원을 설정한다.
4. 침대 크기와 욕실 개수를 입력한다.
5. 제공하는 편의 서비스를 고른다(침구류, 무선인터넷, TV, 냉난방, 조식, 커피 등).

2단계: 프로필 작성하기
1. 숙소 사진을 업로드한다(지도 사진을 함께 첨부한다).
2. 숙소 이름을 정하고, 숙소의 특징을 교통편, 주변 관광지 등으로 나누어 꼼꼼하게 작성한다.

3단계: 게스트 맞을 준비하기
1. 게스트가 지켜야 할 숙소 이용규칙을 정한다. 기본으로 선택 가능한 옵션들이 있다.
2. 예약 가능한 날짜와 시간을 선택한다. 1일 전부터 최대 6개월 전까지 예약받을 수 있다(예약이 불가한 날짜를 미리 설정해두면 게스트에게 해당 날짜가 노출되지 않는다).
3. 숙박요금을 결정한다. 숙박요금은 호스트가 직접 설정하거나, 수요 변화에 맞춰 요금이 자동 조정되는 시스템 중에서 고를 수 있다. 후자의 경우 호스트가 최저 가격과 최대 가격 범위를 지정하면 그 안에서 가격이 자동 조정된다. 비슷한 숙소들의 평균 수입과 자신의 예상 호스팅 수입도 알 수 있다.
4. 게스트가 숙박을 예약한다. 예약 즉시 문자 알림이 온다.

5. 게스트가 체크인을 한다.
6. 게스트 체크인 후 24시간이 지나면 숙박요금이 페이팔로 입금되며, 국내 계좌로 송금할 수 있다(페이팔 사이트에 국내 계좌번호를 등록한 다음 입금된 돈을 해당 계좌로 보내면 된다).

예약률을 높이는 호스팅 노하우 8가지

첫 한 달간 할인 이벤트하기

숙소를 처음 등록할 때는 수익 욕심을 잠시 내려놓고, 가격을 낮춰서라도 숙박 이용률을 높이는 것이 중요하다. 게스트가 숙소를 고를 때 중요하게 생각하는 '좋은 후기'를 많이 확보하기 위함이다. 숙박료를 우리 집과 비슷한 조건의 다른 숙박시설보다 20% 이상 저렴하게 책정하거나, '3박 시 1박 무료'처럼 조건을 달아 장기숙박을 유도하는 것도 방법이다. 게스트들은 최소 여행 한 달에서 3주 전에는 숙박 예약을 완료하므로, 비수기 시즌이나 공실률이 높을 것으로 예상되는 달에는 미리 가격을 내려 예약률을 끌어올려야 한다.

지인들 동원해 피드백받기

친구나 지인들을 집에 초대해 숙박하게 한 뒤 에어비앤비에 후기를 부탁하자. 지인들의 꼼꼼한 피드백을 통해 층간소음, 실내 온도 등 거주자가 놓쳤던 문제점을 개선할 수 있으며, 좋은 후기도 확보할 수 있다. 만약 월세를 임대해 에어비앤비에 내놓는 상황이라면 반드시 호스트가 직접 1박 이상 숙박해보자. 사전에 집 안의 문제점을 파악해야 게스트가 왔을 때 일어날 수 있는 트러블을 미연에 방지할 수 있다.

소개글 잘 써서 예약률 올리기

소개글, 일명 '개요'만 잘 작성해도 숙소 예약률이 올라간다. 게스트가 꼭 알고 싶어 하는 교통편, 주변 관광지, 깔끔한 숙소 사진, 호스트 소개를 일목요연하게 정리하는 것이 포인트다. 교통편을 명시할 때는 '이대역 도보 3분 거리', '2·6호선 환승역'처럼 핵심적인 내용만 쓰고, 숙소 인근의 주요 관광지와 소요시간을 '홍대입구역까지 15분 거리', '강남역까지 30분 거리', '인천공항에서 1시간 소요'처럼 명시해준다. 숙소 위치와 주변 관광지를 한눈에 표시한 지도를 사진으로 첨부하는 것도 필수다. 와이파이 제공, 24시간 경비, 주차 가능, 커피 구비 등 다른 숙소와 차별화된 서비스도 꼼꼼히 알린다. 인기가 많은 파워호스트의 소개글을 복사한 뒤, 입맛에 맞게 응용하는 것도 방법이다.

인테리어 소품 활용하기

같은 조건이라면 더 예쁜 집에서 머물고 싶은 게 사람 마음이다. 집안 곳곳에 인테리어 소품과 조명을 배치해 감각적인 분위기를 연출하고, 소품으로 부족할 때는 셀프페인팅으로 개성을 살리거나, 러그와 화분 등 인테리어 소품으로 아늑한 분위기를 만들어보자. 아기

자기하게 꾸며진 실내는 사진에 예쁘게 담기고, 이는 곧 숙소의 예약률을 높이는 요인이 된다.

단, 굳이 무리해가며 인테리어에 큰 비용을 들일 필요는 없다. 호텔과 달리 현지 가정집은 소품 몇 개만으로도 독특한 개성을 나타낼 수 있으므로 스스로 정한 초기 투자비용 내에서 해결할 수 있을 정도로만 꾸미도록 하자.

후기 관리 철저히 하기

여러 숙소들 가운데 후기가 많은 곳은 좋은 숙소로 간주된다. 아무리 교통이 편리하고 인테리어가 돋보이는 숙소라도 후기가 전혀 없는 곳은 게스트가 불안해한다. 어떤 상황이 펼쳐질지 예측이 불가하기 때문이다. 그래서 자신과 상황이 비슷한 여행객들에게 이미 검증된 곳을 선호한다.

좋은 후기를 많이 만들어내려면 후기 작성을 독려하는 센스가 필요하다. 에어비앤비 후기는 여행을 마친 후(퇴실 후) 2주까지 작성이 가능한데, 대부분의 여행객들은 바쁜 일정 때문에 후기를 건너뛰는 경우가 많다. 여행을 마친 게스트에게 3~4일 후 감사 인사와 함께 후기 독려 메시지를 보내자. 새 후기가 등록될 때마다 친절한 답글로 감사의 마음을 전하는 것도 잊지 말자.

게스트의 문의에 즉각 대응하기

우리가 여행 숙소를 알아볼 때 한 곳만 알아보지 않듯이, 게스트도 숙소를 예약할 때 여러 숙소의 호스트들에게 문의를 한다. 이때 빠른 응답은 호스트의 친절함을 부각시키고 신뢰도를 높일 뿐 아니라 게스트로 하여금 존중받고 있다는 느낌을 준다. 응답이 빠르면 실제 예약으로 이어실 확률노 커진다.

게스트가 퇴실할 때 함께 있기

게스트의 입실은 함께하지 못하더라도 가급적 퇴실할 때는 함께하는 것이 좋다. 게스트가 놓고 간 물건이나 파손된 물건을 체크하기 쉽기 때문이다.

물건 파손으로 재산상의 손실이 발생했다면 에어비앤비의 '호스트보호프로그램'으로 보상받을 수 있는데, 피해 사실을 입증하려면 게스트와 호스트가 함께 있는 자리에서 합의가 되어야 유리하다. 만약 게스트가 퇴실한 후 뒤늦게 파손 사실을 알았다면 피해 사실을 입증하기가 쉽지 않을 뿐더러, 행여 인정된다 해도 에어비앤비가 자체적으로 산정한 피해액만 돌려받을 수 있다.

또한 퇴실 시 실수로 전등, 에어컨 등 각종 전자기기를 끄지 않으면 안전사고가 발생할 수 있으므로 확인 차원에서라도 게스트의 퇴실을 돕는 편이 낫다.

숙소에 미니바 운영하기

단순히 숙소를 임대하는 것에 그치지 않고 추가로 수익을 낼 수 있는 호스트의 사례가 많다. 대표적인 것이 '미니바'다. 집안 냉장고 혹은 룸 내부 미니 냉장고에 생수, 맥주, 음료 등을 채워놓고 시중가의 1.5~2배 가격으로 팔아 수익을 내는 것이다.

또한 얼리체크인과 레이트체크인을 요청하는 게스트에게는 시간당 1만 원의 추가요금을 받거나, 공항픽업 서비스(7만~10만 원), 1일 관광 가이드 서비스(10만 원) 등의 특별 서비스로 추가수익을 내는 방법도 생각해볼 수 있다.

내 숙소를 상위에 노출시키는 비결 5가지

1. 사진, 서비스 등 숙소와 관련한 정보를 지속적으로 업데이트한다. 에어비앤비는 자주 업데이트되는 숙소를 관리가 잘되는 숙소라고 판단한다.
2. 별점 5개 이상의 후기가 전체의 80% 이상일 때 상위에 노출될 확률이 높아진다.
3. 나의 숙소를 이용한 게스트가 10명 이상일 때 숙소를 찾는 게스트들의 유입이 늘어난다.
4. 호스트의 응답률이 90% 이상일 때 검색 시 상위에 노출될 수 있다.
5. 호스트의 예약 이행률(호스트가 예약을 취소하지 않는 것)이 100%면 에어비앤비에서 잘 관리되는 숙소라고 판단한다.

PART 5에서는 재테크 초보자들이 소액으로 도전할 수 있는 다양한 투자방법에 대해 이야기한다. 주식·펀드 등 기본지식이 필요한 투자방법은 잠시 접어두고, 투자 자체에 관심과 흥미를 느낄 수 있도록 쉽고 재미있는 투자방법만을 골랐다.

PART 5

10만 원으로
시작하는
소액투자

단돈 10만 원이라도
투자해보는 용기

돈은 공공연한 자리에서 언급하기 쉽지 않은 주제다. 돈에 대한 관심을 드러내는 일이 욕심 많은 행동으로 취급받기 때문이다. 친구들 사이에서도 흔히 돈을 좋아하면 '속물', 돈에 관심이 없으면 '때 묻지 않은 사람'으로 평가받는다. 투자에 대해서는 이러한 편견이 더욱 확고하다. 투자는 배워야 할 대상이 아니라 피해야 할 대상이고, 투자에 실패하느니 아무것도 하지 않고 원금을 지키는 편이 낫다고 생각하는 경우가 많다. 마음속 깊이 경제적 자유를 갈망하면서도 이처럼 돈에 대한 편견은 쉽게 깨트리지 못한다.

그러나 아이러니하게도 돈에 부정적인 인식을 갖고 있는 사람들 가운데 부자가 된 사례를 나는 본 적이 없다. 오히려 돈이 없어 자신의 꿈을 포기하고, 결혼과 출산을 미루고, 막연한 불안감에 미래를 저당잡힌 사례를 수없이 봐왔다. 자본주의 사회에서 돈을 멀리하고 등한시해서는 부자가 될 가능성과 잠재력에서 멀어질 뿐이다.

편견보다 더 무서운 것은 돈에 대한 무관심이다. 매달 꾸준한 근로소득을 창출하면서도 한 달에 정확히 얼마를 벌고 얼마를 생활비로 쓰는지 모르는 사람들이 적지 않다. 땀 흘려 번 돈으로 보험·연금·펀드 등 각종 금융상품에 가입해놓고도 정확히 어떤 곳에 투자했고, 어떤 방식으로 운용되는지 제대로 알고 있는 사람도 드물다.

자신관리사인 지인은 이러한 사람들을 볼 때마다 안타까움을 금치 못한다. "한 달 월급에서 세금을 제한 금액이 정확히 얼마인지 모르는 직장인들이 태반이야. 자신이 가입한 투자상품이 어떻게 돌아가고 있는지도 관심 없지. 최근 한 고객에게 경제흐름에 맞게 포트폴리오 비중을 바꿔보라고 조언했더니 귀찮다는 이유로 쳐다보지도 않더라고. 힘들게 번 돈을 이런 식으로 방치하는 게 참으로 안타까워. 전문가를 제대로 활용할 기회도 많은데 말이야."

부자와 가난한 자의 차이는 돈의 많고 적음이 아니라, 돈을 대하는 습관과 가치관에서 비롯된다. 돈에 애정과 관심을 불어넣고, 어떠한 편견 없이 있는 그대로를 받아들일 때 비로소 돈에 생명력을 불어넣을 수 있다.

돈에 애정을 쏟는 가장 좋은 방법은 단돈 10만 원이라도 직접 투자해보는 일이다. 단순히 머리로 금융시장을 이해하는 것과 직접 시장의 참여자가 되어 온몸으로 부딪치고 경험하는 것은 큰 차이가 있다.

물론 취업, 결혼, 내집 마련 등 내 한 몸 건사하기 힘든 각박한 환경 속에서 투자라는 것이 막연하고 어렵게 느껴질 수 있다. 그러나 제로금리에 가까운 오늘날의 금융환경에서 투자는 더 이상 선택이 아닌 필수가 되었다. 투자를 하다 보면 생각보다 속도가 더디고 중간중간 실패를 맛보기도 하겠지만, 노력한 시간만큼 투자의 감각이 생기고 수익을 낼 기회도 많아진다.

프리랜서로 일하는 한 지인은 2년 전부터 부동산과 주식, 펀드 등 다양한 투자상품에 관심을 갖고 꾸준히 투자해왔다. 그녀는 시간이 날 때마다 재테크 세미나에 참여해 시장의 흐름을 익히고, 주말에는 남편과 부동산을 보러 다닌다. 그 결과 신혼 시절 종잣돈 1억 원과 대출 1억 원을 보태 매입했던 18평대 주공아파트가 인근 지역 호재로 2년 만에 3억 3천만 원까지 올랐고, 두 달 전 1억 원 이상의 차익을 남기고 매도했다. 그녀는 "부동산 시세 사이트와 관련 커뮤니티를 꾸준히 모니터링한 덕분에 갈아탈 타이밍을 잘 잡은 것 같다."라고 말했다. 그녀는 다음 달 4억 원대의 24평 아파트에 새로 입주한다.

나의 경우 주식과 펀드, 적금, 외화예금 등 다양한 투자상품에 적게는 10만 원, 많게는 1천만 원을 투자하고 있다. 운 좋게 한 달 만에 큰 수익이 난 상품도 있고, 1년째 마이너스를 기록 중인 상품도 있다.

그러나 수익률에 연연해하지도, 조급해하지도 않는다. 무조건 소액으로 시작하고, 여윳돈으로 투자하며, 장기투자를 지향하기 때문이다. 소액이기 때문에 용기를 낼 수 있고, 소액이기 때문에 리스크를 감내할 수 있으며, 소액이기 때문에 직접 투자할 수 있는 귀한 경험을 얻을 수 있다고 생각한다. 무엇보다 꾸준한 투자로 시장의 흐름을 읽는 안목이 생겼다는 것이 가장 큰 성과다. 이것이 소액투자로 얻을 수 있는 최고의 수익이다.

PART 5에서는 재테크 초보자들이 소액으로 도전할 수 있는 다양한 투자방법에 대해 이야기한다. 주식·펀드·ETF 등 기본지식이 필요한 투자방법은 잠시 접어두고, 투자 자체에 관심과 흥미를 느낄 수 있도록 쉽고 재미있는 투자방법만을 골랐다. 내가 좋아하는 영화에 투자하고, 주인 없는 명품을 반값에 되사며, 통장에 금 한 돈을 차곡차곡 적립해가는 즐거움을 느끼면서 어제보다 한 뼘 더 성장한 나 자신을 마주하게 될 것이다.

좋아하는 영화에 투자하기, 영화 크라우드펀딩

자기가 좋아하는 영화에 소액을 투자하고 흥행성적에 따라 연 10% 이상의 수익률을 낼 수 있다면 어떨까? 관객이 곧 투자자가 되는 시대다. 영화를 단순히 보는 데 그치지 않고 직접 투자자가 되어 영화의 성공에 힘을 보태는 '영화 크라우드펀딩'이 소액재테크로 자리잡았다.

평소 영화산업에 관심이 많고, 영화배우들의 필모그래피를 꿰고 있을 만큼 영화를 즐겨 본다면 단돈 몇만 원으로 투자할 수 있는 기회다. 출연진과 배급사, 시나리오를 검토해 작품을 고를 수 있고, 관객 수에 따라 수익이 결정되는 쉬운 구조이기 때문에 초보 투자자들이 도전하기에 부담 없다.

일례로 지난 2017년에 개봉한 일본 애니메이션 영화 〈너의 이름은〉의 경우 개봉 직전 크라우드펀딩을 통해 1억 5천만 원을 투자받았고, 이곳에 투자한 투자자들은 영화의 흥행으로 무려 40%의 수익을 냈다. 같은 해 5월에 개봉한 영화 〈노무현입니다〉 역시 일찌감치 손익분기점을 넘어 소액투자자들은 10% 이상의 수익을 얻었다.

이왕 시작할 투자라면 즐겁게, 부담 없이, 자기가 좋아하는 분야에서 시작해보는 건 어떨까? 용어가 어렵다고, 엄두가 안 난다고 겁먹지 말자. 몇 가지 주의사항만 알아두면 이렇게 간단한 투자방법도 없으니까.

알고 보면 정말 쉬운 영화 크라우드펀딩

초보 투자자에게 유리한 영화 크라우드펀딩

크라우드펀딩은 대중을 뜻하는 크라우드(crowd)와 자금조달을 뜻하는 펀딩(funding)이 합쳐진 용어. 불특정 다수가 십시일반으로 자금을 모아 유망한 벤처기업이나 스타트업에 투자하는 것을 말한다.

펀딩은 IT, 제조업 등 다양한 산업군에서 이루어지는데, 이 중 영화에 투자하는 펀딩을 특별히 '영화 크라우드펀딩'이라고 부른다. 대형 블록버스터나 유명 배우가 출연하는 영화보다는 비교적 제작 규모가 작은 국내외 영화들이 펀딩을 시도하는 편이다.

영화 크라우드펀딩의 가장 큰 장점은 초보 투자자들이 접근하기 쉬운 투자영역이라는 점이다. 일반적인 투자는 기업의 내재가치와 산업의 흐름, 국내외 경제상황을 토대로 투자 결정을 내려야 하는데, 투자 경험이 전무한 초보자들은 현실적으로 쉽지 않다. 더구나 투자할 큰돈은 더더욱 없다. 그러나 영화는 가장 대중적인 문화 콘텐츠 중 하나다. 어려운 투자정보 대신 출연 배우나 감독, 배급사, 시나리오 등을 고려해 투자를 결정할 수 있고, 영화의 흥행 여부도 실시간으로 체감할 수 있다.

크라우드펀딩의 종류는 투자형, 후원·기부형, 대출형으로 나뉘는데, 영화 크라우드펀딩은 '투자형'에 속한다. 대개 영화 개봉을 1~3주 앞둔 시점에 펀딩을 오픈하며, 모인 자금은 영화 개봉과 함께 홍보 마케팅비로 지출된다.

개인투자자는 연간 500만 원 한도로 한 영화(기업)에 최대 200만 원까지 투자할 수 있다. 최소 투자금액은 1만 원이지만, 대부분 10만 원부터 모집을 시작한다.

실제 수익률은 얼마나 될까? 원금보장형에 주목하자

영화 크라우드펀딩의 수익구조는 단순하다. 관객 수가 많을수록 수익률이 높아지는 것이다. 흥행 기준은 손익분기점(BEP; Break-Even Point)이다. 영화마다 투입된 제작비가 다르기 때문에 손익분기점을 넘기는 관객 수도 각각 다르다. 그래서 투자설명서를 볼 때 이 부분을 자세히 봐야 한다.

영화 크라우드펀딩의 연평균 수익률은 5~10%로 추산되지만, 영화 흥행성적에 따라 수익률이 30~40%를 넘나드는 경우가 있고, 마이너스를 기록해 원금을 잃는 경우도 있다. 최근 1년간 크라우드펀딩으로 자금을 조달받은 영화들의 실제 수익률을 살펴보면 다음과 같다.

영화 〈노무현입니다〉는 펀딩이 오픈되자마자 26분 만에 목표금액인 2억 원의 기금이 모였고, 입소문을 타고 흥행하면서 손익분기점 20만 6,700명을 가볍게 넘었다. 2017년 9월 20일 기준으로 185만 명의 관객을 동원한 이 영화는 고정금리 5%에 흥행성적에 따른 5%의 추가금리를 제공해 10%의 수익률이 지급되었다.

앞서 흥행에 성공한 영화 〈재심〉 역시 손익분기점 160만 명을 가뿐하게 넘기고 총 242만 명의 관객을 동원해 투자자들에게 35%의 수익률을 안겼다. 당초 〈재심〉의 손익분기점은 관객 수 160만 명(수익률 1.4%)이었고, 200만 명일 때 17.1%, 250만 명일 때 36.7%, 300만 명일 때 56.4%, 400만 명일 때 95.6%의 수익률을 약속했다. 반대로 영화 〈사냥〉과 〈걷기왕〉에 투자했던 투자자들은 각각 -40%, -80%가 넘는 손실로 쓰라린 가슴을 달래야 했다.

투자 후 발생한 수익은 빠르면 3개월, 늦어도 6개월 이내에 정산된다. 투자금 회수기간이 비상장기업과 비교해 매우 짧은 편이어서 오랜 시간 투자금이 묶이지 않는다는 장점이 있다.

한 가지 주의할 점은, 크라우드펀딩은 예금자보호가 되지 않는다는 것이다. 초보 투자자는 고위험 고수익 상품보다 원금보장이 되는 상품 위주로 살펴볼 필요가 있다. 다행히 영화 크라우드펀딩 중에서

<영화 크라우드펀딩 수익률>

영화	수익률(세전)	손익분기점	동원관객 수	모금액
너의 이름은	40%	50만 명	360만 명	1.5억 원
인천상륙작전	25.6%	500만 명	704만 명	5억 원
판도라	10%	440만 명	458만 명	8.1억 원
사냥	-41.7%	164만 명	64만 명	4억 원
걷기왕	-80%	45만 명	9.5만 명	1억 원
재심	35%	160만 명	242만 명	1.3억 원
노무현입니다	10%	21만 명	185만 명	2억 원

는 목표 관객 수를 동원하지 못하더라도 원금을 보장해주는 상품이
꽤 있다. 일본 애니메이션 영화 〈너의 이름은〉과 국내 영화 〈인천상
륙작전〉, 〈노무현입니다〉 등이 좋은 예로, 투자금을 모집할 당시 손익
분기점을 넘지 못해도 원금을 보장한다는 조건이었다.

영화 크라우드펀딩, 어디서 어떻게 할까?

영화 크라우드펀딩에 투자하려면 전문 중개업체 플랫폼을 이용해
야 한다. 금융위원회에 정식으로 등록된 중개업체는 와디즈, 인크,
크라우디, 오픈트레이드, IBK투자증권, 코리아에셋투자증권, 오마이
컴퍼니 등이 있다. 전체 명단은 크라우드넷(www.crowdnet.or.kr)에서
살펴볼 수 있다.

크라우드넷에 접속한 뒤 현재 펀딩을 진행 중인 영화를 살펴보고,

마음에 드는 영화가 있으면 연결된 중개업체 사이트를 방문해 투자설명서와 수익률 등을 자세히 확인한 뒤 투자를 결정한다.

단, 대중의 관심이 높은 영화는 펀딩 경쟁이 치열해 오픈 하루 만에 투자금이 마감되는 일도 비일비재하다. 영화 크라우드펀딩이 활

시장점유율 상위 크라우드펀딩 중개업체

- **와디즈(www.wadiz.kr)**: 시장점유율 47%. 〈노무현입니다〉, 〈너의 이름은〉, 〈판도라〉, 〈눈길〉, 〈시간여행자의 아내〉 등 펀딩 진행
- **오픈트레이드(otrade.co)**: 시장점유율 11%. 〈킬러의 보디가드〉, 〈원스텝〉, 〈맨체스터 바이 더 씨〉 등 펀딩 진행
- **오마이컴퍼니(www.ohmycompany.com)**: 시장점유율 7%

* 2018년 7월 기준

영화 크라우드펀딩 투자 절차

1. 와디즈 앱을 내려받아 회원가입을 한다.
2. 현재 모집 중인 영화 크라우드펀딩을 살펴본다.
3. 관심 있는 영화의 투자설명서를 꼼꼼하게 확인한다.
4. 투자할 결심이 서면 '투자하기' 버튼을 누른다.
5. 휴대폰 본인인증을 한다.
6. 비대면 실명인증 정보(개인정보 등)를 입력한다.
7. 투자 등급을 '일반투자자'로 체크한다.
8. 약관에 동의한다.
9. 투자금액을 설정한다(최대 200만 원).
10. 결제수단을 선택한다.
11. 투자 서비스 신청을 완료한다.

* 와디즈 기준

발한 플랫폼의 앱을 내려받아 수시로 방문하면서 업체에서 펀딩을 예고하는 영화를 주시할 필요가 있다.

영화 실전투자 포인트

영화 크라우드펀딩을 시작하기에 앞서 반드시 확인해야 할 8가지 포인트를 소개한다.

실전투자 포인트 및 유의사항

- **손익분기점 확인하기**: 영화마다 손익분기점이 다르기 때문에 관객 수 구간별로 수익률과 손실률을 따져봐야 한다. 비슷한 인기도의 영화라면 손익분기점이 낮을수록, 구간별 수익률이 높을수록 좋다.

- **세금과 업체수수료 따져보기**: 투자한 영화가 흥행에 성공해 수익을 냈다 하더라도 세금(15.4%)과 업체수수료(5~10%)를 피해갈 수 없다. 만약 100만 원을 투자해 10만 원의 수익이 났다면 10만 원 중 세금 1만 5,400원과 업체수수료 5천 원을 떼고 실제 얻는 수익은 7만 9,600원이다.

- **무료시사회 참여하기**: 일부 중개업체의 경우 투자자들이 영화를 직접 본 뒤 투자를 결정할 수 있도록 시사회에 초대하는 이벤트를 진행한다. 영화를 보면서 흥행을 가늠할 수 있어 일석이조다. 일부 펀딩은 일정 금액 이상을 투자한 투자자들에게 해당 영화의 관람권 2매를 선물하기도 한다.

- **리스크 인지하기**: 더 큰 수익을 낼 욕심으로 원금이 보장되지 않는 상품에 투자할 경우 큰 수익을 기대할 수 있는 반면, 원금 전체를 날릴 수도 있다는 사실을 인지해야 한다.

- **소득공제 여부 확인하기**: 벤처기업이나 창업 3년 이내의 기술력 우수기업인 경우 투자금 기준 1,500만 원까지는 100% 연말정산 소득공제를 받을 수 있다. 투자 대상 기업이 소득공제 적용을 받는지는 중개업체 및 발행 기업에서 확인할 수 있다.

- **정식 등록업체 이용하기**: 최근 크라우드펀딩의 인기 속에 수많은 크라우드펀딩 업체가 있지만 금융위원회에 정식 등록된 중개업체인지 다시 한 번 확인한 뒤 투자해야 한다.

- **투자금 회수 시점 체크하기**: 펀딩 운용기간은 대개 6개월 이내지만 영화마다 투자금 회수 시점이 다르다. 자신의 투자목적과 투자기간에 맞는지 점검한 뒤 투자해야 한다.

- **펀딩이 취소되는 경우**: 모집 예정금액의 80% 이하로 투자금이 모이면 증권 발행이 자동 취소되어 투자가 진행되지 않으며, 투자금은 즉시 돌려준다.

주인 없는 명품을 반값으로, 세관공매 재테크

　명품가방과 경매, 전혀 어울리지 않을 것 같은 두 조합으로 비싼 명품을 반값에 살 수 있는 세관공매 재테크가 초보 투자자들 사이에서 주목받고 있다. 개인이라면 누구나 인터넷을 통해 쉽게 입찰이 가능하고, 단돈 몇만 원으로 투자할 수 있으며, 운이 좋으면 시중의 절반 값으로 좋은 물품을 낙찰받을 수 있기 때문이다.

　세관공매는 나라에서 주관하는 경매인 까닭에 믿을 만하고, 재테크 입문자가 경매 시장에 대한 경험과 눈을 키울 수 있는 기회이기도 하다. 세관공매 이용절차와 실패 없는 입찰 노하우, 주의사항에 대해 소개한다.

명품가방이 공매로 나오는 이유

세관이 주관하는 반값 경매 '세관공매'

세관공매란 수입통관 때 면세한도를 초과한 휴대품 등 압류된 물건 가운데, 일정 기간이 지나도 주인이 찾아가지 않을 경우 합법적인 절차에 따라 공매 처분하는 것을 말한다. 여기서 공매란 국가가 주관하는 경매다. 매물로 명품가방, 주얼리는 물론 와인, 화장품, 수입 자동차까지 나온다.

세관공매는 한 번 진행될 때마다 최대 6회까지 유찰이 가능하고, 한 번 유찰될 때마다 가격이 10% 떨어지기 때문에 운이 좋으면 최대 50% 할인된 가격에 낙찰받을 수 있다. 관세청이 직접 주관하는 데다, 가짜 상품은 100% 소각되기 때문에 공신력 있는 투자처로 꼽힌다.

그렇다면 세관이 명품가방을 공매로 내놓는 이유는 무엇일까? 세관 입장에서는 압류한 물건을 오래 보관할수록 물류창고 보관비와 관련 운영비가 많이 든다. 그래서 상품가치가 떨어지기 전에 필요한 사람에게 처분하는 것이다. 일반화물은 5개월, 여행객 휴대물품은 4개월이 지난 후부터 공매를 진행한다. 낙찰되면 관세와 부가세 등 세금을 안정적으로 확보할 수 있음은 물론이다. 참여자 입장에서는 단돈 몇만 원에 전자입찰이 가능하고, 손품을 팔아 좋은 제품을 합리적인 가격에 낙찰받을 수 있다는 점이 매력적이다. 이러한 인기에 힘입어 매년 1천~5천 건의 공매가 진행되고 있으며, 이 중 30~40%가 낙찰되고 있다.

세관공매에 직접 입찰하는 방법

공매에 나오는 물건 모두 관세청의 감정을 받는다. 감정가가 결정되면 8%의 관세와 10%의 부가세가 붙어 공매 예정가격이 결정되고, 본격적으로 입찰이 시작된다. 입찰방식은 온라인 전자입찰과 직접 방문하는 일반입찰, 이렇게 2가지다. 입찰 날짜는 따로 정해져 있지 않기 때문에 관세청 통관시스템인 '유니패스(unipass.customs.go.kr)'를 수시로 열람해야 한다. 원하는 날, 원하는 물품을 입찰할 수는 없지만 열람 횟수가 많아질수록 공매 기회와 낙찰 가능성은 높아진다.

공매 입찰 참여 절차

1. 유니패스에 접속해 회원가입을 하고 공매 예정 물건을 확인한다.
2. 홈페이지 내 업무지원 메뉴에서 '체화공매'를 선택한 뒤 '개인'으로 표시된 공매 물품을 확인한다.
3. 해당 물품의 입찰일을 확인한다.
4. 입찰 당일 입찰서를 작성하고, 희망가격의 10%를 지정 은행에 입금한다.
5. 당일 오후 1시 이후 유니패스 전자입찰 시스템에서 입찰결과를 확인한다.
6. 낙찰되었다면 지정 은행에 잔금을 치른다(낙찰되지 않을 경우 보증금은 반환된다).
7. 공항 여객터미널 또는 각 지역 보세창고에 방문해 물품을 수령하거나, 담당 세관에 연락해 배송신청을 한다(배송 가능 여부는 세관별로 상이함).

낙찰률을 높이는 방법

입찰에 앞서 시세 확인과 공람(직접 물품을 확인하는 것)은 필수다. 감정가가 아무리 시중가의 반값이라도 인터넷 최저가보다 높은 가격을 써낸다면 무용지물이다. 특히 명품 제품은 백화점, 아웃렛, 병행 수입, 구매대행업체들의 가격이 다르므로 꼼꼼히 살피고 입찰가를 써

내야 한다.

직접 물류창고를 방문해 물품을 확인하는 공람도 공매의 성공률을 높인다. 화장품, 공산품 등은 공람 과정을 생략해도 무방하지만, 명품 등 고가 제품이거나 구매 단위가 큰 경우 사진에서 본 것과 실제 제품 상태가 다를 수 있어 발품을 팔아야 한다.

세관은 대개 입찰일 하루 전날 창고를 개방해 공매물품 열람을 돕는다. 세관별로 하루 4~5시간 정해진 시간에만 개방하므로 해당 공매 물품을 주관하는 세관에 미리 전화로 문의하자.

세관공매 재테크, 꼭 알아야 할 8가지

1. 개인은 입찰 물품이 3개 이하로 제한된다. 입찰한도는 세관별로 상이하다.
2. 기간이 오래되었거나 반복적으로 유찰된 상품은 입찰 전 상품가치를 냉정하게 따져보자. 싼값에 입찰하는 것보다 실제 시장의 거래가격과 브랜드 가치가 더 중요하다.
3. 공매창고는 전국 부두와 공항의 일반 보세창고, 컨테이너 터미널 등에 위치한다. 거주지역에서 멀다면 공람에 할애하는 시간과 교통비 등을 감안해야 한다.
4. 공람할 때는 규모가 큰 공매창고를 짧은 시간 안에 둘러봐야 하므로, 꼭 필요한 물건 위주로 선택과 집중이 필요하다. 메모할 수첩과 펜, 편한 운동화는 필수다.
5. 공매로 취급되는 물품 중 명품가방이나 향수, 양주 등 여행객 휴대품은 비중이 크지 않아 경쟁이 치열한 편이다.
6. 전자입찰 시 공람은 필수다. 공람을 하지 않는다면 사진 몇 장과 간단한 설명만으로 물품의 하자를 판단하기 어렵다.
7. 식품, 화장품 등 날짜에 민감한 물건들은 입찰 전 반입일자를 꼭 체크한다.
8. 최초 감정가에 관세와 부가세 등 제세총액을 더하면 시중보다 비싸게 공매가 시작되는 물품도 있다. 입찰 전 반드시 총액을 확인한다.

달러를 싸게 사서
비싸게 파는 외화예금

매일 경제뉴스에서 빼놓지 않고 다루는 이슈가 바로 주요국의 환율이다. 세계 경제는 유기적으로 연결되어 있어 한 국가의 환율 상황이 주변국들에 적지 않은 영향을 미친다. 경제 강국인 미국의 존재감은 더욱 확연하다. 미국의 환율, 금리, 주가흐름에 따라 각국의 금융시장이 출렁이고, 투자기관들은 미국의 경제 상황과 환율에 따라 투자금 향방을 가늠한다.

글로벌 자산가들은 이러한 환율변동을 기회 삼아 '환투자'로 자산을 불려나간다. 저렴할 때 그 나라의 통화를 사두었다가 환율이 오를 때 팔아치워 환차익을 내는 것이다. 환투자는 우리나라보다 일찍 저금리·저성장을 겪은 일본에서 시작된 현상인데, 자산가들 사이에서는 포트폴리오에 환투자를 일정 비중 편입하는 게 불문율로 여겨질 정도다.

소액투자자들을 위한 환투자 방법으로는 외화예금이 대표적이다. 우리가 원화를 정기예금에 붓듯이 달러·엔화·유로 등의 외화를 외화예금에 넣어두는 것이다. 원화를 입금하면 외화로 환전해 통장에 예치하는 구조다. 차이가 있다면 정기예금은 정해진 금리만 받고, 외화예금은 기본금리 외에 환차익까지 덤으로 얻을 수 있다는 점이다. 갈수록 미국의 달러 가치가 상승하고 있어 초보자라면 외화예금, 그중에서도 달러통장에 투자하는 것도 좋은 시작이다.

초보자를 위한 외화예금 투자가이드

향후에 오를 통화 고르기

외화예금 투자자가 알아야 할 투자원칙은 딱 한 가지다. 앞으로 가치가 오를 것 같은 통화를 저렴하게 사서 비쌀 때 팔면 된다. 물론 신이 아닌 이상 모든 통화의 상승과 하락을 예견할 수는 없고, 무턱대고 접근하면 환손실을 입을 수도 있다. 그러나 통화는 단시간에 오르내리는 성질을 가진 것이 아니기 때문에 경제뉴스를 조금만 읽어봐도 향후 전망을 유추할 수 있다.

초보 투자자가 가장 접근하기 쉬운 통화는 미국 달러다. 전 세계적으로 통용되는 기축통화인 데다 다른 외화에 비해 수수료가 가장 저럼하기 때문이다. 투자자가 평소 관심 있게 보는 국가가 따로 있다면 그 나라 통화를 사면 되고, 그렇지 않다면 달러통장으로 시작해보길 권한다.

최근 3개월간의 외화환율 추이 보기

인터넷에 달러환율, 엔화환율, 유로환율 등을 검색하면 최근 한 달간, 최근 1~3년간 환율 추이를 바로 알 수 있다. 스스로 평균가격을 정해놓고 평균보다 환율이 내려가면 통화를 사고, 환율이 올라가면 사놓은 통화를 파는 전략을 취한다.

수시 입출금 가능한 외화예금 개설하기

외화예금에도 종류가 있다. 적금처럼 매달 정해진 금액을 불입하는 통장이 있는가 하면, 수시 입출금이 가능한 통장도 있다. 일반적으로 수시입출금 통장을 더 선호하는 편인데, 환율이 오르내리는 방향에 따라 실시간으로 외화를 사고팔 수 있기 때문이다. 외화예금은 웬만한 시중은행에서 대부분 취급하고 있으므로 직접 지점에 방문하거나 모바일을 통해 비대면 계좌 개설이 가능하다. 외화예금 통장 한 개만 만들어두면 달러든 엔화든 유로든 여러 외화를 자유롭게 입출금할 수 있다.

달러통장 수익구조 이해하기

외화예금의 수익구조는 일반예금과 조금 다르다. 일반 정기예금은 기본금리에서 이자소득세(15.4%)를 제외한 나머지가 수익인 반면, 외화예금은 '(기본금리 + 환차익) - 환전수수료'가 수익이다. 예·적금과 마찬가지로 기본금리는 1%대에 불과하지만, 달러환율이 오를 경우 추가로 환차익을 얻는다는 장점이 있다. 반대로 달러환율이 떨어지면 환차손을 입고, 여기에 원화로 출금할 경우 환전수수료까지 부담해야 해 수익이 제로이거나 마이너스가 될 수도 있다.

대신 외화예금에서 생긴 매매차익은 이자소득세를 부과하지 않는다. 외화예금과 예·적금에 각각 1천만 원을 예치해 12만 원의 이자 수익이 났다고 가정할 때, 예·적금은 이자소득세 1만 8,480원을 떼지

<외화예금의 장단점>

장점	단점
• 기본금리에 환차익까지 얻을 수 있다. • 매매차익에 대한 이자소득세(15.4%)가 제외된다. • 종합금융과세대상에 해당하지 않는다. • 5천만 원까지 예금자보호를 받는다. • 달러 입출금 시 수수료가 면제다. • 해외에서 쓰고 남은 외화를 자유롭게 입금 가능하다.	• 환율이 떨어지면 환차손이 발생할 수 있다. • 달러 외 통화 입출금 시 수수료(1~3%)가 발생한다.

만 외화예금은 세금이 없다. 또한 예금자보호 대상이어서 금융사가 망해도 최대 5천만 원까지 외화예금액을 돌려받는다. 연수익 2천만 원 이상 발생 시 부과되는 금융소득종합과세도 물리지 않는다.

달러 사서 외화예금에 넣어보기

통장을 만들고 수익구조까지 이해했다면 이제 달러를 통장에 넣어볼 차례다. 달러를 통장에 넣으려면 갖고 있는 원화를 달러로 환전한 뒤 입금하거나, 여행 후 남은 달러를 현찰 그대로 계좌에 입금하는 방법이 있다. 원화로 입금하면 달러 환전이 필요하므로 수수료가 들고, 달러로 입금하면 수수료가 없다. 시중은행 대부분이 외화예금에 달러로 입출금하는 경우 수수료를 물리지 않고 있다(초보 투자자에게 달러를 권하는 이유다).

그러나 달러를 제외한 대부분의 통화가 입출금 과정에서 수수료가 든다. 은행마다 수수료 규정은 다르지만 보통 엔화·유로는 0~1.5%, 기타 통화는 3% 수준의 수수료율을 매긴다. 기본금리를 감안하면 환율이 최소 수수료율 이상 올라야 환차익을 얻는 셈이다. 따라서 달러 이외의 통화를 입출금하려면 환전수수료가 낮은 은행을 선택하는 것이 중요하다.

단, 달러 외 통화라도 수수료가 면제되는 경우가 있다. 입금 후 7~8일 이후에 외화로 출금하는 경우다. 해외여행이나 유학을 목적으로 미리 환전해야 한다면 최소 일주일 이상 시간 여유를 두고 예치하는 게 유리하다.

달러통장 만드는 절차

1. 주거래은행 모바일뱅킹에 접속한 뒤 외화예금 상품을 검색한다(상품에 따라 지점에서만 개설 가능한 외화예금이 있다).
2. 수시입출금 외화예금 통장을 선택한다.
3. 계좌 개설에 필요한 개인정보를 입력한다.
4. 입금할 외화로 달러를 체크한다(달러 현찰 입금 시 은행 방문).
5. 원화 10만 원을 입금하면 오늘 자 환율에 따라 달러로 환전된다.
6. 환전수수료를 제외한 달러가 입금된다.
7. 추후 환율이 떨어지면 달러를 추가 매수하고, 환율이 오르면 판다.

정부에 돈 빌려주는
비교적 안전한 국공채 채권

　우리는 누군가에게 돈을 빌려줄 때 차용증을 쓴다. 내 원금을 얼마 동안 빌려 쓸 것인지, 이자는 얼마를 줄 것인지 등 조건을 정해 증서로 만든다. 투자시장에서는 이 차용증을 '채권'이라고 부른다. 국가와 기업들이 투자자들에게 돈을 빌리고 차용증을 써주면, 투자자는 이 차용증으로 채권투자를 하는 것이다. 차용증을 만기 때까지 보유하면 약속된 이자를 받을 수 있고, 중간에 제3자에게 더 비싼 값으로 팔아넘길 수도 있다. 이런 경우 약속된 이자와 매매차익을 함께 얻게 된다.

　이것이 채권의 가장 큰 메리트다. 과거의 채권투자는 자산규모가 큰 부자들만 접근할 수 있는 영역으로 여겨졌지만, 지금은 소액투자자들도 다양한 영역에서 채권투자를 할 만큼 대중화되었다. 채권투자는 주식이나 펀드보다 안전하면서도 예금보다 높은 이자율을 추구하기 때문이다.

채권은 국공채·사채·금융채 등 종류가 다양하고 수익률도 천차만별이지만, 초보 투자자들은 가장 안전한 '국공채'를 중심으로 투자를 시작해보는 것이 좋다. 국공채는 대한민국 정부 또는 공공기관이 발행하는 채권으로, 나라가 망하지 않는 한 원금을 떼일 염려가 없기 때문이다. 국공채를 마스터하면 우량한 회사채를 보는 안목도 생기게 된다.

그러나 알뜰살뜰 모아온 내 돈을 그냥 빌려줄 수는 없는 법! 돈을 빌려달라는 주체가 믿을 만한지, 향후 망할 위험은 없는지, 만기에 원금을 회수할 가능성이 어느 정도인지 상세히 살펴야 한다.

부자들이 채권을 선호하는 이유

채권은 확정 이자를 받는다는 점에서 은행 예금과 비슷하다. 가장 안전한 채권으로 꼽히는 국공채는 심지어 이자율도 기준금리를 크게 벗어나지 않는다. 그럼에도 불구하고 부자들이 채권을 선호하는 이유는 무엇일까? 답은 '유동성'과 '환금성'에 있다.

채권은 가입기간 내내 이자가 고정되어 있는 정기예금과 달리, 언제든 중도매매가 가능하다. 차용증을 싸게 산 뒤 시장상황이 유리해지면 비싸게 팔 수 있고, 시장상황이 나빠져도 그냥 만기까지 기다렸다가 정해진 이자를 받을 수 있다. 투자자의 판단에 따라 수익을 실현할 수 있는 2가지 선택지 중 하나를 고를 수 있는 것이다. 채권은 주식처럼 시세 변동이 크지 않기 때문에 장기적으로 현금흐름을 예측할 수 있다는 점도 매력적이다.

예금은 만기 전에 해지하면 약속된 이자를 다 받지 못하지만, 채권은 중간에 팔더라도 그동안의 이자를 다 정산해서 받게 된다. 또한 채권을 사고팔 때 발생한 매매차익에 대해서도 세금을 물리지 않는다. 오직 채권을 보유함으로써 발생하는 이자에 대해서만 이자소득세(15.4%)를 낸다.

예금과 차이가 있다면, 채권은 예금보다 만기기간이 길다는 것이다. 짧게는 3개월, 길게는 10년에 달한다. 그러나 증권사 등이 채권매매를 중개하기 때문에 중도에 매매하기 쉽고, 급전이 필요할 때는 채권을 담보로 대출도 받을 수 있다. 단, 채권은 예금과 달리 예금자보호가 되지 않는다.

좋은 채권을 고르는 법

채권투자를 하기로 마음먹었다면 내 돈을 누구에게 빌려줄지 결정해야 한다. 채권은 발행주체가 망하지 않는 한 안정적으로 이자를 받을 수 있지만, 만약의 상황을 대비해 발행주체의 신용도나 상환 능력을 살펴야 한다.

채권의 종류는 크게 3가지다. 국가 또는 공공기관이 발행하는 국공채, 회사가 발행하는 회사채, 은행 등 금융권이 발행하는 금융채다. 만약 원금을 보장하면서 매매차익을 통한 추가 수익을 원한다면 국공채를 선택하고, 약간의 리스크를 감수하고서라도 이자수익을 높이려면 회사채를 선택한다.

국공채는 신용도가 가장 높은 채권으로, 원리금이 100% 보장된다고 봐도 무방하다. 오랜 시간 동안 안정적으로 운용되는 대신 금리는 회사채보다 낮다. 반면 회사채는 기업의 신용등급에 따라 채권 이자율이 천차만별이다. 누구나 알 만한 대기업의 채권은 대개 금융기관의 지급보증을 받아 발행하는 경우가 많으므로 비교적 안심할 수 있다. 반대로 신용등급이 보통 수준인 기업은 그만큼 만기에 원금을 갚지 못할 가능성이 높아지므로 투자자를 끌어들이기 위해 이자를 더 많이 준다.

기업들의 신용도는 무디스, 스탠더드앤드푸어스(S&P) 등 해외신용평가사들이 평가하는데, 등급은 AAA부터 D까지 10개 등급으로 나뉜다. 보통 AAA, AA, A, BBB 등급 이상이면 돈을 잘 갚아나갈 능력이 있다고 본다. 초보 투자자라면 원금 손실 가능성이 희박한 국공채에 집중 투자하는 것을 권하지만, 어느 정도 리스크를 감내할 수 있다면 대기업의 우량한 회사채를 선별해 예금 금리 2배 이상의 수익을 노려볼 수도 있다.

채권을 비싸게 팔아 시세차익을 내려면?

채권가격은 시장금리와 반대로 움직인다. 금리가 오르면 채권가격이 내려가고 금리가 떨어지면 채권가격이 오른다. 도대체 이게 무슨 말일까? 예를 들어 어제 금리 3%짜리 국채를 샀는데 오늘 시중금리가 2%로 떨어졌다. 사람들은 오늘보다 금리가 높았던 '어제의 채권'을 사고 싶어 한다. 수요가 늘어나므로 채권가격은 오른다. 반대로 어제 5%짜리 회사채를 샀는데 오늘 시중금리가 6%로 올랐다. 사람들은 어제보다 금리가 높은 '오늘의 채권'을 사고 싶어 하므로, 어제 사둔 채권을 팔려면 가격을 내려야 한다. 따라서 앞으로 금리가 더 내려갈 것 같다면 채권에 투자하고, 당분간 금리가 오름세를 보인다면 채권투자를 늦추거나 기존에 사둔 채권을 팔아야 한다.

만약 이미 채권을 샀는데 이후 금리가 꾸준히 올라 채권가격이 떨어진다면 어떻게 해야 할까? 이때는 채권을 만기까지 보유하면서 약속된 이자를 받으면 된다. 중도에 매매해 시세차익을 낼 수 있는 기회를 놓쳤을 뿐 이자 손해는 보지 않는다.

채권을 발행할 때 한번 정해진 이자율은 달라지지 않는다. 단, 시장의 수요와 공급에 따라 팔 수 있는 채권가격이 달라질 뿐이다. 이 자를 지급하는 방식은 만기 때 이자를 한꺼번에 주는 단리채, 1·3· 6개월 등 정해진 기간마다 이자를 지급하는 이표채, 채권을 할인해 서 발행하고 만기 때 원금을 주는 할인채가 있다. 보통 국공채는 6개 월마다 이자를 지급하고, 회사채는 3개월마다 이자를 지급하는 곳 이 많다.

채권, 어디서 살까?

채권투자에 앞서 금융투자협회의 본드몰(www.bondmall.or.kr)에 접 속한 뒤 현재 금융사에서 판매 중인 채권을 확인해야 한다. 이 사이 트의 '내게 맞는 채권' 코너에서 채권 종류, 투자금액, 희망수익률, 보 유기간 등을 설정하면 필요한 채권만 걸러낼 수 있다.

원금이 거의 100% 지급되는 국채의 경우 2019년 7월 19일 기준 금 리가 가장 높은 채권 금리는 2.25%이며, 이는 시중 예금 이자와 비교 해도 높은 수준임을 알 수 있다.

채권은 상품에 따라 최소 1만 원부터 투자가 가능하다. 채권 거래 시 수수료는 잔존기간과 증권사 수수료 정책에 따라 다른데, 통상 2년 기준으로 0.03~0.3% 내외다.

채권매매는 증권사 HTS(홈트레이딩시스템)에서 주식처럼 쉽게 사고 팔 수 있다. 채권몰 사이트에서 마음에 드는 채권을 고른 뒤, 해당 채권을 판매하는 증권사의 HTS 앱을 내려받으면 된다. 접속 후 장내채권 또는 소매채권 메뉴를 선택해 해당 채권을 검색한 뒤 투자한다. 그러나 채권투자 경험이 없는 초보자라면 증권사 창구를 방문해 직원으로부터 채권에 대한 충분한 설명을 듣고, 자신에게 맞는 상품을 고르는 노력이 필요하다.

채권은 직접투자 외에도 채권펀드, 채권 ETF 등 간접투자 방법도 있다. 국채 이자율이 7~8%에 달하는 해외 신흥국에 투자할 때 유용하다.

채권투자 절차

1. 채권몰(본드몰) 사이트에 접속한다.
2. '내게 맞는 채권' 메뉴에서 채권 종류, 투자금액, 보유기간 등을 설정한다.
3. 채권을 고른다.
4. 해당 채권을 판매하는 증권사의 HTS 앱을 내려받는다.
5. 비대면계좌를 만든 뒤 계좌에 투자금을 입금한다.
6. HTS 내 장내채권 또는 소매채권 메뉴에서 해당 채권을 찾는다.
7. 채권에 투자한다.

금통장에 금 한 돈을
적립해본다, 골드뱅킹

금(gold)은 대표적인 안전자산으로 꼽힌다. 나라에 전쟁이나 금융위기가 발생해 그 나라 화폐 가치가 곤두박질쳐도 금값은 세계 어디에서든 국제 금값 시세에 맞춰 거래된다. 대부분의 투자상품은 시장이 좋을 때 수익을 내지만, 금은 국내외 정치적·경제적 불안요인이 발생할 때 오히려 높은 몸값을 자랑한다.

그래서 자산가들 사이에서는 금투자를 위험 분산 차원에서 자산 포트폴리오에 일정 비율 편입한다. 그러나 실물 금은 거래단위가 크고 투입되는 비용도 만만치 않다. 골드바 1kg당 거래금액이 5천만 원에 육박한다. 누구나 쉽게 접근할 수 있는 투자 수단이 아니다.

그래서 소액투자자들은 '실물 금'이 아닌 통장에 금이 쌓이는 골드뱅킹, 일명 '금통장'에 주목한다. 금통장은 계좌에 돈을 넣으면 원달러 환율과 국제 금값 시세에 맞춰 금 무게가 환산되어 쌓이는 통장이다. 자신이 산 금의 중량만큼 계좌에 적립되고, 필요할 때 현금 또는 금으로 인출할 수 있다. 최소 거래금액이 0.01g(약 550원, 2019년 8월 기준)에 불과해 1만 원으로도 금을 매입할 수 있다. 투자에 관심은 있지만 자금 여력이 없는 사회초년생, 대학생, 주부들이 쌈짓돈 몇만 원으로 부담 없이 시작해볼 만하다.

금통장 투자원칙 2가지

금값이 쌀 때 사서 비쌀 때 팔기

모든 투자의 기본원칙은 '쌀 때 사서 비쌀 때 팔아 차익을 남기는 것'이다. 금통장도 마찬가지다. 금값이 쌀 때 사서 비쌀 때 팔면 된다. 이때 금값은 국제 금값 시세를 기준으로 한다. 네이버 검색창에 '금값' 또는 '오늘의 금값'을 입력하면 최근 3년간 금 시세 정보를 그래프와 도표로 볼 수 있다.

금통장은 변동성이 큰 중위험 중수익 투자로, 연평균 5~10% 수준의 수익률을 추구한다. 단기에 수익을 내려는 욕심보다는 장기적 관점에서 금값의 추이를 지켜보다 저가에 분할 매수하는 것이 가장 좋다. 초보자의 경우 하루 한 번 금 시세와 관련 뉴스를 살피며 감을 잃지 않는 것이 중요하다.

금을 매입할 때는 최근 3~6개월간 국제 금값의 평균을 내보고 현재의 금값이 고점인지 저점인지 파악해본다. 이어 최근 금값에 영향을 미칠 만한 특별한 이벤트(뉴스)가 있는지 꼼꼼히 체크한 뒤, 저점이라는 판단이 서면 10만 원 단위로 매수한다. 한국금거래소 (koreagoldx.co.kr)를 즐겨찾기 해두면 실시간 금값 시세와 금 관련 국제뉴스를 확인하기 수월하다.

달러가 하락할 때 사서 오를 때 팔기

금통장의 두 번째 투자원칙은 달러 가치가 낮을 때 금을 사서 달러 가치가 높을 때 파는 것이다. 국제 금값은 달러를 기준으로 매기기 때문에 금값과 달러 가치(환율 변동성)를 함께 고려해야 한다. 이때 우리나라 원화는 머릿속에서 잠시 배제해둔다. 만약 금값이 같다면 원달러 환율이 높을 때(달러 강세, 원화 하락) 더 많은 수익을 낸다. 반대로 원달러 환율이 낮아지면(달러 하락, 원화 강세) 수익이 떨어질 수 있다. 가장 좋은 매매시점은 원달러 환율이 낮을 때 매수하고 높을 때 매도하는 것이다.

그러나 달러와 금값의 흐름은 반비례하는 경향이 있다. 달러가 강세를 보이면 금값이 소폭 하락하고, 달러가 약세를 보이면 금값이 반등하기를 반복한다. 그래서 둘의 접점을 찾는 것이 중요하다. 요즘 같은 금리변동기에는 이 같은 법칙도 무색해지는 경우가 잦으므로, 금값이 올랐다고 무턱대고 팔 것이 아니라 환율에 따른 손익을 한 번 더 계산한 뒤 팔아야 한다.

금 0.01g 단위로 차곡차곡 쌓을 수 있다

금통장은 직접 은행을 방문하거나, 모바일 비대면계좌로 만들 수 있다. KB국민은행의 'KB골드투자통장', 신한은행의 '골드리슈 골드테크', 우리은행의 '우리골드투자'가 대표적인 금통장이다. 한국거래소의 KRX 금통장에 가입할 수도 있다. 증권사 홈트레이딩시스템(HTS)에서 주식처럼 매입·매도할 수 있다.

소액투자자들이 금통장을 선호하는 이유는 최소 0.01g 단위로 금을 거래할 수 있기 때문이다. 처음 금통장을 만들 때는 0.1g(약 4,500원) 이상의 금을 적립해야 하는데, 이후부터는 0.01g 단위로 거래가 가능하다. 계좌에 10만 원을 입금하면 대략 금 2.0~2.3g 정도가 적립된다. 여윳돈이 생길 때마다 1g씩 차곡차곡 모으다 보면 금세 금 1돈

<골드뱅킹 상품 비교>

업종		상품명	수수료	개설방법
은행	신한은행	골드리슈 골드테크	•입출금 시 수수료 1% 내외 •실물 금 인출 시 부가세 10% 추가	•지점 방문 •비대면계좌 개설
	국민은행	KB골드투자		
	우리은행	우리골드투자		
증권	한국거래소	KRX 금통장	•매입·매도 시 수수료 0.25% 내외 •실물 금 인출 시 부가세 10% 추가	•증권사 HTS 가입

(3.65g), 2돈(7.30g)으로 불어나는 기쁨을 맛볼 수 있다.

금통장은 예·적금처럼 은행에서 지급하는 기본금리가 없다. 그러나 수시 입출금이 가능하기 때문에 평소엔 자유적금처럼 활용하다가 금값이 오르거나 달러 가치가 상승할 때 수익을 낼 수 있다는 점에서 자투리 돈을 굴리기에 부담 없다.

중도해지 수수료가 없다

금통장은 중도해지와 환매(매매계약 해지)에 따른 수수료가 없다. 금통장에 투자했다가 급전이 필요하면 수수료 부담 없이 자유롭게 인출할 수 있다. 요즘처럼 변동성이 큰 금융시장에서는 투자수익 못지않게 중요한 것이 환금성이다. 마땅한 투자처가 없는 비상금을 묶어놓는 목적으로 활용할 수 있다. 은행권 금통장의 입출금 수수료는 1% 내외이며, 실물 금으로 인출하면 부가세 10%가 추가로 든다. 한국거래소의 금통장은 평균 수수료가 0.25%가량으로 은행보다 낮다.

금통장, 이것만은 주의하자

1. 통장에 적립한 금은 현금 또는 실물 금으로 인출할 수 있는데, 실물 금으로 인출하면 공통적으로 부가세 10%와 수수료가 별도로 붙는다. 시세차익을 위한 투자라면 현금으로 인출하는 것이 유리하다.
2. 금통장은 거래 형태가 수시 입출금 예금처럼 보이지만 예금자보호법에 따른 보호를 받지 못한다. 금값이 떨어지거나 원달러 환율이 낮아지면 원금 손실이 발생할 수 있다.
3. 금통장은 연간이자 또는 배당소득으로 얻은 수익이 2천만 원이 넘으면 금융소득종합과세 대상이 된다.

금통장의 장점과 단점

금통장은 금값 시세와 환율변동성을 동시에 고려해야 하기 때문에 초보 투자자들에게 다소 어렵게 느껴질 수 있다. 그러나 그만한 가치가 있다. 금통장을 직접 운용하며, 금 시세와 환율의 움직임을 자연스럽게 익히며 금융시장을 보는 안목이 생긴다. 이는 장기적으로 금통장 수익보다 더 큰 수익으로 돌아온다. 단기간에 수익을 내겠다는 욕심보다는, 장기투자를 한다는 생각으로 조금씩 금을 불려나가는 기쁨을 맛보길 권한다.

<금통장의 장단점>

장점	단점
• 0.1g 단위 소액으로 금을 사고팔 수 있다. • 중도해지 및 환매수수료가 없다. • 마음대로 꺼내 쓸 수 있어 실물 금보다 환금성이 높다.	• 예금자보호 대상이 아니다. • 매매차익에 대한 이자소득세(15.4%)를 내야 한다(2018년부터 금통장 비과세 혜택이 다시 과세로 바뀜). • 실물 금으로 인출하면 부가세 10%와 수수료가 함께 붙는다(현금 입출금 시 1% 내외의 수수료).

주식보다 안전하고
펀드보다 쉬운 ETF

　주식투자를 해보고 싶긴 한데 잘 몰라서 겁이 나고, 펀드투자는 비싼 수수료 때문에 망설여진다면 2가지의 장점을 결합시킨 ETF (Exchange Traded Fund, 상장지수펀드)는 어떨까? 소액으로 1주만 사도 분산투자가 되는 데다, 운용보수가 저렴하고, 주식처럼 쉽게 사고팔 수 있어 초보자가 접근하기 쉽다. 특히 주식은 개인투자자 스스로 많은 기업들을 비교·분석해야 하는 어려움이 있지만, ETF는 운용사만 잘 골라도 투자에 큰 부담이 없는 편이다. 금융회사 입장에서는 수수료가 적어 크게 '돈 되지 않는 상품'이 ETF지만, 소액투자자에게는 예·적금 이상으로 금리를 챙기면서 주식보다 리스크가 적어 좋은 기회가 될 수 있다.

ETF도 펀드라고?

ETF는 코스피200, 코스피50처럼 특정지수를 추종해 수익률을 내는 펀드를 말한다. 일반 주식형펀드와 달리 시장지수의 수익률과 연동되어 '인덱스펀드'라고 부른다. 주식처럼 한 기업의 개별종목에 투자하는 것이 아니라 주식시장에서 선별된 기업들 혹은 투자대상 모두에 조금씩 투자한다. 예를 들어 3만 원으로 A기업의 개별주식 1주를 사는 대신, 같은 돈으로 코스피 상위 200개 기업을 묶은 'KOSPI200' ETF 1주를 산다. 이들 기업의 주가 평균값이 상승하면 수익이 나고, 하락하면 손실이 나는 구조다. 자연히 분산투자가 된다.

시장지수 외에도 채권, 달러, 금, 원자재, 부동산 등 다양한 실물자산과 연동된 ETF도 많다. 금에 투자하고 싶으면 'KODEX 골드선물(H)'에, 달러에 투자하고 싶으면 'KOSEF 미국달러선물' 등에 투자하는 식이다. 이러한 ETF는 실물자산에 직접 투자하는 것보다 세금 부담이 적고 현금화가 빠르다는 장점이 있다.

ETF 투자의 장점

초보 투자자가 접근하기 쉽다

주식투자만 해도 투자 기업에 대한 많은 공부가 필요하다. 그러나 전업투자자가 아닌 이상, 평범한 개인 투자자가 여러 기업을 비교·분

석하는 것은 시간적·물리적으로 쉽지 않다. 재무제표를 꼼꼼히 분석한다 해도 한 기업에 집중투자할 만큼 우량 기업이라는 확신이 없을 수 있다. 그러나 ETF는 믿을 만한 운용사만 선택해도 절반은 해결된다. ETF 자체가 목표지수를 추종하는 상품이고 그에 맞게 종목들을 편입하기 때문에, 펀드매니저의 역할이 제한적이고 수익률 등락이 크지 않다. 투자자는 ETF를 고를 때 믿을 수 있는 운용사인지, 1주 단위로 소액거래가 가능한지, 거래대금이 풍부한지를 중점적으로 살펴본 뒤 선택하면 된다.

만약 거래대금이 적은 ETF라면 원하는 가격에 사고팔 수 없기 때문에 가격 변동성이 커지고, 심할 경우 상장폐지될 수 있다. 반면 기관 투자자나 외국인 투자자가 많이 거래하는 ETF는 이러한 위험이 적고 거래의 공정성도 높다. 또한 1주 단위로 거래가 가능해야 시장 상황에 따라 추가 매입이나 매도 등 즉각적인 대응이 가능해진다.

ETF는 상승장과 하락장 모두에서 투자가 가능하다. 주식의 경우 개인투자자들은 공매도가 불가해 하락장에서 투자의 제약이 있지만, ETF는 별도의 '인버스(Inverse, 주가가 하락하면 수익 발생)' 상품이 있기 때문에 주식이 오르든 떨어지든 상황에 맞게 투자할 수 있다. 자신이 산 종목이 올라야 수익이 나는 주식과는 다르다.

운용보수와 수수료가 저렴하다

ETF는 펀드와 비교했을 때 운용보수가 굉장히 저렴하다. 금융투자협회에 따르면 주식형펀드의 운용보수는 평균 1.2%인 반면 ETF는 평균 운용보수가 0.36% 수준으로 약 3배 이상 낮다.

또한 펀드는 90일 이내 중도 환매하면 수수료가 크기 때문에(보통 이익금의 50~70%) 단기투자로 큰 수익을 내기 힘들다. 반면 ETF는 코스피시장에서 실시간 거래가 가능하기 때문에 중도 환매에 따른 수수료가 없다. 주식처럼 자유롭게 거래할 수 있지만, 주식을 매도할 때 부과되는 거래세 0.3%도 내지 않는다. 또한 주식은 자신이 보유한 주식이 상장폐지되면 원금을 잃지만, ETF는 거래량이 없어 상장폐지가 되더라도 증권 계좌로 투자금을 돌려준다.

단, ETF에 포함된 일부 기업 주식이 상장폐지되었을 경우 해당 기업에 투자한 비중만큼 원금을 잃는다.

단돈 몇천 원에 투자할 수 있다

투자하고 싶은 A기업이 있는데 주가가 1주에 100만 원이 넘는다. 투자자가 가진 돈이 50만 원이라면 투자 자체가 불가하다. 1주를 산다 한들 추가 매입이 부담스러워 시장상황에 따라 매입 및 매도 전략을 세우기 쉽지 않다. 그러나 ETF라면 이야기가 달라진다. A기업이 묶인 ETF에 소액을 투자하면 그만이기 때문이다. 코스피 상위 기업 200개에 투자하는 'KODEX200'이나 'TIGER200'만 하더라도 1주에 2만 원대에 불과하다. 투자금이 50만 원이라도 20주가량 살 수 있다. 실제로 주식시장에 상장된 ETF의 85% 이상은 대부분 3천 원대부터 3만 원대 사이로 가격이 형성되어 있다. 단돈 1만 원 내외로도 다양한 대상에 ETF 투자가 가능한 셈이다.

주식처럼 자유롭게 사고판다

펀드는 환매하면 평균적으로 영업일 3일 후에 계좌로 입금되기 때문에 계좌에 돈이 들어오기 전까지 그 돈을 다른 곳에 투자할 수 없다. 그러나 ETF는 매도하면 주식처럼 영업일 기준으로 2일 후에 증권 계좌에 돈이 입금되는데, 입금 전이라도 다른 ETF나 주식 등에 투자할 수 있다. 주식처럼 장중 매매가 가능해서다. 시장의 변화에 즉각적으로 대응해야 하는 투자자 입장에서는 돈이 묶이는 시간이 매우 중요하다. 그런 면에서 ETF는 경제상황에 따라 재빠르게 매수·매도 전략을 세울 수 있다는 장점이 있다.

단, ETF는 원금 보장형 상품이 아니다. 주식보다 리스크가 낮다고 해도 추종하는 지수가 하락하면 원금 손실이 일어날 수 있다.

주요 자산운용사의 ETF 브랜드 및 홈페이지

- **KODEX(삼성자산운용)**: www.samsungfund.com
- **TIGER(미래에셋자산운용)**: www.tigeretf.com
- **KBSTAR(KB자산운용)**: www.kbstaretf.com
- **ARIRANG(한화자산운용)**: www.arirangetf.com
- **KINDEX(한국투자신탁운용)**: www.kindexetf.com
- **KOSEF(키움투자자산운용)**: www.kosef.co.kr

ETF 투자 시 참고 사이트

- 한국거래소 홈페이지, KRX ETF 앱, ETF 각 운용사 홈페이지, 네이버 증권자료실 등

푼돈을 목돈으로 만드는 생활의 기술

초판 1쇄 발행 2019년 8월 22일
초판 4쇄 발행 2020년 1월 10일
지은이 구채희
펴낸곳 원앤원북스
펴낸이 오운영
경영총괄 박종명
편집 김효주·최윤정·이광민·강혜지·이한나
마케팅 안대현·문준영
등록번호 제2018-000058호(2018년 1월 23일)
주소 04091 서울시 마포구 토정로 222 한국출판콘텐츠센터 319호(신수동)
전화 (02)719-7735 | **팩스** (02)719-7736
이메일 onobooks2018@naver.com | **블로그** blog.naver.com/onobooks2018
값 15,000원
ISBN 979-11-7043-002-5 03320

이 도서의 국립중앙도서관 출판예정도서목록(CIP)은 서지정보유통지원시스템 홈페이지(http://seoji.nl.go.kr)와
국가자료종합목록 구축시스템(http://kolis-net.nl.go.kr)에서 이용하실 수 있습니다. (CIP제어번호 : CIP2019027388)